在基督里得自由

尼尔·安德森　司提夫·高斯

学员手册

信徒适用13周门徒训练课程

全新修订版

《在基督里得自由》学员手册　信徒适用13周门徒训练课程
Freedom in Christ. Participant's Guide,
A 13 Week Discipleship Course For Every Christian
作者：尼尔·安德森、司提夫·高斯 合著 Neil T. Anderson & Steve Goss

ISBN: 978-1-913082-01-7

Published by Freedom In Christ Ministries International

4 Beacontree Plaza, Gillette Way, Reading RG2 0BS, UK

Tel: +44 (0)118 321 8084 Fax: +44 (0)118 973 3313

Email: office@ficminternational.org

www.ficminternational.org

大英图书馆编目资料
本书书目收录于大英图书馆。

目录

"在基督里得自由"的课后回应

"赞美主，我的思绪如今清晰有序，
告别了多年的紊乱！"

"拒绝了恶者的谎言之后，
我如今看见自己在基督里的位分，也能领受神的真理。
我的生命已不再一样。"

"藉着它的帮助，
我的灵命前所未有地成长并成熟。"

"我的生命全然被改变，
就像在幽暗中重见光明般真实。"

"痛苦、伤害和谎言曾经形同一面高墙，
把我从神的爱以及基督的自由隔开。
不过，这面墙如今已经倒塌了。"

"我可以证明，它是我基督徒生涯的转捩点。
如今我体会到基督所说的丰盛生命，
这正是我心里长久以来的渴慕。"

为何要上此课程？

"在基督里得自由"课程是为每一位基督徒而设。不论你是资深的基督徒，或是才决志的初信者；也不论你在行走天路时是平步青云，或是感觉受困；这个课程都适合你。

它能帮助你：

- 经历突破，使你灵命更加成熟
- 揭露谎言，使你不再被蒙蔽而停滞不前
- 解决个人属灵层面的各样冲突
- 建立更新心思的策略，使你脱去消极的想法和不造就人的行为模式。

此课程看重的，是你怎么相信，而不是你怎么表现。基督释放了我们，使我们得以自由（加5：1）；又把我们一切所需的都给了我们（彼后1：3）。只不过，我们有时候并不觉得那些话是真的。

许多人都觉到自己并没有为神做到最好。可能他们被一些惯性的罪所困，或受制于一些消极的想法、惧怕、不能饶恕，或被定罪等等，但他们确实都盼望自己的灵命能成长和成熟。此课程将帮助你掌握真相，认识自己在基督里的奇妙位份；它教你揭露谎言，抵挡仇敌，使你能向前迈进。此课程虽非什么"仙丹妙药"，但却极有可能为你的基督徒生命带来革命性的突破。

我如何能从中获取最大的益处？

尽你所能上每一课。

阅读相关的辅助书籍（请看第6页），或是由尼尔安德森为加强教导所写的两部著作《胜过黑暗》及《击开困锁》。

运用每课结束时"来临的一周"的功课建议。

确保自己走过"在基督里得自由的步骤"。这是一个温和渐进的步骤，在过程中，请圣灵向你显明自己生命中需要悔改的地方。大部分教会会在介于第九课和第十课之间进行这步骤，对许多人来说，这是一个生命得以改变的经历。

此课程也包括了建构策略，使你能在既得的自由中站立得稳，并能持续地更新自己的心思。请把这些策略融入成为你日常生活的一部分。

更多辅助资料

司提夫高斯特别为"在基督里得自由"课程的学员著了四本轻便又简洁的系列书籍。虽然里面的内容与课程的一样，不过他却采取了另一种教导方式，同时附加了额外的资料，好让你能更深入地吸收其中的信息。每本单价5.99英镑，一套四本则售19.95英镑（邮寄费用另计）。可以上网www.ficm.org.uk，或致电0118 321 8084订购。

《自在做自己》(Free to be Yourself)——享受你在基督里的真性情

许多基督徒都遵循基督徒该有的面貌来待人处事，却发现自己无法一直如此伪装下去。他们要不就从教会中流失；要不就会精神崩溃。一个人的生命能真正地多结果子，在于觉悟自己乃从一信主之际就已成了全新的人。此书对应课程的第一章（第一至第三课）。

《在每日争战中得胜》(Win the Daily Battle)——靠神力量抵挡并站立得稳

不管你喜不喜欢，如果你是基督徒，你就已身处这场争战。你唯一的选择，是要迎战抑或成为受害者。那列队而来要攻击你的，有世界、恶者，和肉体。他们看起来势力浩大。然而，只要你明白了自己在基督里的位份，以及仇敌工作的方式，你将能在每次跟他们的周旋之间，稳操胜券。此书对应课程的第二章（第四至第七课）。

《得自由、真自由》(Break Free, Stay Free)——别让往日纠缠你

每位基督徒都有自己的过去，这些过去最会在你自鸣得意的时候扯你后腿。对于那灵里背负许多包袱的人来说，他们就能深深地体会。不过，即使是对那些生命没啥烦恼的人来说，此书也能帮助你去辨识并处理旧日的罪和其负面影响，好让我们能往前迈进。此书对应课程的第三章（第八至第十课）。

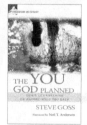

《神计划中的你》(The You God Planned)——别让任何人事物牵扯你

当我们宣称了自己在基督里的自由之后，该如何持守自己的自由、并按神呼召我们的样式去活？我们如何得知神呼召我们成为的样式是怎么样的呢？我们的人生目标是否与神的目标一致？我们该如何制止那些妨碍我们成长结实的人呢？还有，我们该如何避免自己误入歧途呢？此书对应课程的第四章（第十至第十三课）。

第零课：简介

简介

本课是"在基督里得自由"课程的一项选修课。

欢迎

除了圣经之外，你所读过最好的一部著作是？

敬拜

让神在这课程居首位；向祂敞开我们的心。耶利米书29：11-13，诗篇33：4-7，希伯来书4：12，腓立比书1：6。

话语

焦点经文：「神的道是活泼的，是有功效的，比一切两刃的剑更快，甚至魂与灵，骨节与骨髓，都能刺入剖开，连心中的思念和主意，都能辨明。」（来4：12）

焦点真理：从书籍来说，圣经是自成一家的书籍，我们有几个非常好的理由，可以相信"圣经是神向受造人类所传递的信息"。

关于"在基督里得自由"的课程

耶稣吩咐教会，「去，使万民作主门徒」（请看马可福音16：15，马太福音28：19）。

门徒，并不是指"改信基督教的人"，也不只是"信主的人"；而是指不断在信仰过程中学习的人。

他所领受的，并不是头脑知识的累积，而是更多认识一位真实的人——耶稣，并且无论是在家里，或在工作场所，都能看见认识基督的果效彰显在他的生命当中。

静思一

你曾听取过最好的意见是什么？

比如你真的需要人提供重要的意见，你向不同的人询问过后，他们也给了你不同的意见，这时你如何选择该相信谁的意见呢？

想想看，自己曾经被人提供过误导性的讯息吗？当时发生了什么事？

为什么我们要相信圣经？

圣经向来都是最影响人心的一部记载。它：
* 是第一本被印刷成册的书籍
* 被翻译成2,500种以上的语文
* （英文译本）总共有超过75万字
* 大声读完整本（英文译本）圣经需费时70个小时。

多位不同的人物（上至君王，下至渔夫）分别在三大洋洲，前后历经1,500多年所写而成。整体而言，圣经最大的宣称就是：这些内容都是神向受造人类所述说的信息。引述圣经提摩太后书3：16所言，「圣经(Scripture)都是神所默示的」。但为何我们要相信它所说的呢？

1. 有历史为印证

直到今日，考古学家的发现都一再地证实了圣经的历史准确度。

若圣经的历史细节被证实为精准的话，我们就有充分的理由去慎重地把其中看起来超出常态、或不可能发生的记载视为真实。

注意：还有许多参考书籍可以让你获取这方面的印证。在本课，我们提及一些相关的重点。此外，你的小组领袖也可以为你推荐一些参考读物。

2. 圣经的预言逐一应验

圣经充满着关于未来的预测（即预言），其中大部分看起来似乎极不可能会发生的预言，后来竟然奇妙地应验了。

包括耶稣基督的降生和死亡等预言，这些细节都在耶稣诞生之前好几百年，在旧约圣经多处被准确地记载着。

3. 圣经宣称耶稣从死里复活是可信的

这宣称虽然惊人，但却是基于确证实据。在场的人因亲眼目睹而深信不疑，当中许多见证人更为此信念而殉道。

4. 教会从未停止增长

1900年，全球人口有2.5%是基督徒。在短短的70年期间，教会人口达到全球的5%。在接下来的30年间，即自1970年至2000年，教会已双倍地成长，直达全球人口的11.2%。

虽然西方教会的减缓俨然形成一种历史的反差现象，但其反差数目已经充份被其他地区的增长递补了过来。

 见证

若有人告诉你，他们认为圣经只不过是"神话和传奇故事集"，你会跟他们说什么？

 来临的一周

若你未曾规律地阅读圣经，何不从现在就开始每天读一些？你可以先从新约的其中一卷福音书——马太福音、马可福音、路加福音，或约翰福音——开始读起。在读的过程，提醒自己读了哪些真理。请记住，这位宇宙的创造者要透过圣经——祂的话——来向你说话哟！

第一课：我从哪里来？

第一章 基要真理

耶稣说，我们必晓得真理，真理必叫我们得以自由！前面三课，我们会看一些基要真理，了解作为一名基督徒的意义何在。

欢迎

分两人一组，先花一点时间尽量认识对方。接着，用不超过30秒的时间，回答对方这道问题："他／她是谁？"

敬拜

神的计划和应许。诗篇33：10-11，约伯记42：2，箴言19：21。

话语

焦点经文：「人有了神的儿子，就有生命；没有神的儿子，就没有生命。」（约翰一书5：12）

焦点真理：成为基督徒之前，我们不断寻求被接纳、安全感，和人生的意义。如今在基督里，我们已是神的儿女，我们的灵命活着，我们被接纳、稳妥，并且人生满有意义。

你究竟是谁？

是什么组成了真的"我"呢？是我的身体吗？是我所拥有的东西吗？是我所作所为吗？是我所思所想吗？

你按神的形象被造（创1：26）

神是灵，我们也拥有灵性，有内在的我（或作灵、魂）。按神的形象被造并非指我们的外在，而是指内在的人——有能力思考、感觉，及作抉择的我。

神以何等样式创造我们

肉体活着
我们的灵魂与身体连结

灵命活着
我们的灵魂与神连结

灵命能够活着并与神连结，意味着亚当和夏娃的生命中有几项非常重要的品质：

1. 有意义

2. 有保障

3. 被接纳

神造你的样式正是如此：有实在的人生目的、绝对稳妥、并且对神对人都有归属感。

静思一

能够的话，请你告诉我们，为何你来参加这课程？你希望能从中得到什么？

试想像亚当和夏娃起初被造的日常生活。它跟你的日常生活有何不同？

你猜，每晚当他们入眠的时候，他们会想到什么？

人类堕落的后果

灵命死亡
亚当和夏娃的罪可以用一个字作总结，就是"死"。灵命的死对他们（乃至对日后的我们）的影响包括：

1. 失去对神的认识

「他们心地昏昧，与神所赐的生命隔绝了，都因自己无知、心里刚硬」（弗4：18）。

2. 负面的情绪

他们感到：

- 惧怕和焦虑
- 罪疚和羞耻
- 被拒
- 软弱无力
- 沮丧和愤怒

尝试回到起初

世界所能提供的一切尽都无效

世界提供了好些错误的方程式，使人们误以为藉此可以重获亚当和夏娃所失去的一切：

$$表现 + 成就 = 意义$$

$$地位 + 认同 = 保障$$

$$外表 + 称赞 = 接纳$$

「虚空的虚空！万事都是虚空。」（传1：2）

遵守律法也无效

神把律法颁给祂的子民，但律法也无力使我们重获亚当和夏娃所失去的一切。神此举的用意是要叫我们明白，我们早就处于彻底绝望的处境，但祂为我们的罪预备了终极一祭，就是耶稣基督。

静思二

亚当和夏娃犯罪，对我们带来什么影响？

你特别认同哪一项？为什么？

看看你手册上第14页"世界所提供最好的解决途径"其中错误的方程式。一般上，人们尝试如何处理他们对人生意义、保障，和被接纳的强烈需求？请用你个人的经验或对别人的观察，举出实例说明。

耶稣来做了什么呢？

重新赐下属灵的生命

唯一能解决困境的答案，就是恢复我们与神的关系，使我们的灵再次与神的灵连结，而成为有灵的活人。

「我来了，是要叫人得生命，并且得的更丰盛。」(约10：10)

「太初有道...生命在祂里头，这生命就是人的光。」（约1：1-4）

「复活在我，生命也在我，信我的人虽然死了，也必复活。」（约11：25）

亚当失去的是生命；而耶稣来了，为要给我们生命。

恢复有意义、有保障、被接纳的人生

你以为，永生是指你死了之后才有的生命吗？绝不仅于此，永生是从现在开始就截然不同的生命品质。

「有了神的儿子就有生命，没有神的儿子就没有生命。」（约一5：12）

如今，我们所求取的身份认定、被接纳、人生的保障和意义，在基督里面都被满足了。

静思三

我们一起读出的这些陈述中，有哪些是让你为之惊讶的？为什么？

我们一起读出的这些陈述中，有哪些特别鼓励了你？为什么？

神若说了一些关于我们的事，但我们却不觉得它是真实的话，这时候，我们可以作何回应呢？

 见证

一般上，人们如何试着去处理他们内在的强烈需求，好让自己能觉得被接纳、人生有意义和有保障？你会如何对一位非基督徒邻居说明，这些需求至终只能在基督里才能找着？

 来临的一周

每天大声读出"在基督里恢复有意义、有保障、被接纳的人生"列单。然后，挑选其中一项特别与你有关的真理，花一些时间读它的上下文，并求神帮助你更完整地明白其中的真理。

我是贵重的

我不再一无是处、缺乏、无助或绝望。在基督里，我极贵重而特殊。神说：

太5：13-14	我是世上的盐、世上的光。
约15：1, 5	我是真葡萄树——耶稣——的枝子，是祂生命的一个管道。
约15：16	我被神拣选并指派为要结果子的。
徒1：8	我是按圣灵赐力量、为基督作见证的人。
林前3：16	我是神的殿。
林后5：17-21	我是叫人与神和好的使者。
林后6：1	我是神的同工。
弗2：6	我与基督一同坐在天上。
弗2：10	我是神的工作，为着各样的美善所造成的。
弗3：12	我可以凭信心自由地来到神的面前。
腓4：13	我靠着基督加给我力量，凡事都能做。

我是稳妥的

我不再感觉罪疚、不被保护、孤单，或被弃绝。在基督里，我是完全稳妥的。神说：

罗8：1-2	我永不再被定罪。
罗8：28	我确信，万事都互相效力。
罗8：31-34	没有任何定罪的判语可以攻击我。

罗8：35-39	我不会与神的爱隔绝。
林后1：21-22	神已建立我、膏抹我、为我盖上印记。
腓1：6	我深信，神在我里面动了的那善工，祂必定会完成。
腓3：20	我是天国的子民。
西3：3	我与基督一同藏在神里面。
提后1：7	我所领受的，不是胆怯的心，乃是刚强、仁爱、谨守的心。
来4：16	在我需要的时候，神的恩典和慈爱总是随着我。
约一5：18	我是从神而生的，恶者无法伤害我。

我是被接纳的

我不再被拒、被冷落，也不再污秽。在基督里，我已完全被收纳。神说：

约1：12	我是神的儿女。
约15：15	我是基督的朋友。
罗5：1	我已经被称为义。
林前6：17	我与主接联，我与祂同有一灵。
林前6：19-20	我是重价被买赎的。我属于神。
林前12：27	我是基督肢体的一员。
弗1：1	我是圣徒，是圣洁的。
弗1：5	我是神所收纳的孩子。
弗2：18	藉着圣灵，我可以直接来到神面前。
西1：14	我已经被救赎，所有的过犯都被赦免了。
西2：10	我在基督里是完全的。

第二课：我如今是谁？

 欢迎

想像自己向一位尚未是基督徒的朋友谈话。你如何把福音总结为一两个句子的信息？

或者，当你成为基督徒的时候，别人如何对你解释福音？

我是圣徒

 敬拜

察觉神多么爱我们，并悦纳我们。以弗所书3：16-19，西番雅书3：17，哥林多后书3：18，希伯来书12：1-2，诗篇103：8-17。

 话语

焦点经文：「若有人在基督里，他就是新造的人，旧事已过，都变成新的了！」（林后5：17）

焦点真理：你跟随基督的决定乃是你人生至为关键的时刻，能彻底改变"你如今是谁"的身份。

我如今是谁？

过去，「我们曾是可怒之子」（弗2：3）。

我们信主的那一刻，是我们人生至为关键的时刻。所有的事因此而改变。请特别留意下述经文的时空动态：

「若有人在基督里，他就是新造的人，旧事已过，都变成新的了。」（林后5：17）既然如此，你会是半新半旧的吗？

「从前你们是暗昧的，但如今在主里面是光明的。」（弗5：8）既然如此，你能同时又光明又黑暗吗？

「祂救了我们脱离黑暗的权势，把我们迁到祂爱子的国里。」（西1：13）既然如此，你会同时在两个国度里吗？

是圣徒，不是罪人

「基督在我们还是(were)罪人的时候，为我们死了」（罗5：8）。既然我们根本的身份已经不再是"罪人"，那我们会是什么呢？

在新约里面，非信徒被称为"罪人"（不下300次）。相反，信徒则被称为"圣徒"（超过200次）。圣徒，意指"圣洁的人"或"义人"。

即使最年轻的基督徒也是一名圣徒。

我们之所以是圣徒，并非因我们本身有什么良好的品德或善行，而是因我们"在基督里"有了新的身份和地位。

静思一

重新看上一课"在基督里恢复有意义、有保障、被接纳的人生"
列单。哪些带给你最大的冲击？为什么？

当你成为一名基督徒之后，实际上发生了什么事？当你成为
基督徒之后，你察觉自己有何改变？

既然基督徒还是会犯罪，你想我们仍能说"我们不再是罪人，而
是有时会犯罪的圣徒"吗？或者你认为这只不过是在玩弄字句
而已？为什么？

为何把自己视为"不仅只被赦免"是如此重要？

不仅被赦免，而是成了全新的人

觉悟自己是全新的人之后，你的行为就会改变

如果你认为自己是被赦免的罪人（仍旧是个罪人），你想你会
如何行事？还是会犯罪！你若想改变自己的行为，你必须
认定，你并不仅是被赦免而已。

若你遇到一个死人并想要救他，你会做两件事：

1. 找出那人致死的病因（在人类来说，罪就是致死的原因）。
2. 把生命给他。

如果我们晓得，
耶稣单单为了医治
我们的罪而死，
我们就会相信自己
是被赦免的罪人。
我们务必要晓得，

我们已重获亚当失落的灵命，并成为了圣徒。如此，我们才能活出尊荣神的生活。

挫败乃因你不晓得自己是全新的人

你在基督里已经是全新的人，就连撒旦也无从更改这个历史事实。不过，如果牠能欺哄你相信牠的谎言，你与神同行之路就难免会跌跌撞撞了。

当晓得，你并非靠行为得救，乃是因信而得救。

讨神喜悦

我若再犯错又如何？

我们很容易把自己视为罪人，而非圣徒，是因为我们必须痛心地承认，自己有时的确会犯罪。

"但我们有时还是会犯错"——这事是可以避免的

「我们若说自己无罪，就是自欺，真理也不在我们里面了。」
（约一1：8）

你不再是神手中的罪人，惹祂发怒。你乃是神手心的圣徒，蒙祂怜爱。

与天父所奠定的这份关系并不会因我们犯罪而改变

「我小子们哪，我将这些话写给你们，是要叫你们不犯罪。若有人犯罪，在父那里我们有一位中保，就是那义者耶稣基督。」（约一2：1）

藉着归向神并远离罪，我们与神和好

和谐的关系是以信任和顺服为根基；缺了其一，就会影响这关系的品质。

神不定我们的罪

「如今那些在耶稣基督里的，就不定罪了。」（罗8：1）神不是一位斤斤计较、究察你罪孽的神。我们无须靠自己努力不懈，才能在祂的"义册"上有份；我们早已因着耶稣所成就的工而名列其上。

当你犯错时，你不但可以带着悔改的心直接来到神面前，而且你还会被神赦免。信徒若能明白这道理，生命就必能迈向成熟。

静思二

想像一下，你因仇敌的谎言而跌倒了，并且犯了一些你自知非常严重的错。这时候，你应该怎么做呢？

犯错之后，你觉得深受定罪，此时你能做些什么吗？（读罗马书8：1，希伯来书10：16-22，约翰一书1：8至2：2）

我们无须努力去做成，我们已经是了

"我要怎么做，才能被神接纳？" "什么都不必做！"因为靠着耶稣所做成的工，你已经完全被神接纳了。

并非我们的行为决定我们是谁，而是我们的身份决定我们该做何事。

我们并非要按基督徒该有的言行去做，我们只是需 成为自己——神的儿女。

福音并非指逐渐成为一个不同的人，而是从你接受基督的那一刻起，你就已经改变,成了完全不一样的人。

 见证

若有邻居问你，基督徒和非基督徒这两者有何不同，你会怎么解释？你认为，做一位基督徒会比非基督徒更好吗？若有人问你，"为何我应该成为一位基督徒"，你会怎么说？

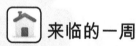 来临的一周

每天大声读出"我的父神"列单。然后，挑出其中一项特别与你有关的真理，花些时间阅读其上下文，并求神帮助你更全面地明白这真理。

我弃绝这谎言， 它说我的父神：	我欢喜接受这真理， 它说我的父神：
远在天边，毫不关心我。	乐意亲近我，并参与我的生活。 （见诗篇139：1-18）
不顾人感受又不关顾人。	满有仁慈和怜悯。 （见诗篇103：8-14）
严厉又苛刻。	接纳我，祂满有喜乐和爱心。 （见罗马书15：7，西番雅书3：17）
被动又冷漠。	充满温暖又亲切。（见以赛亚书 40：11，何西亚书11：3-4）
常常缺席，祂没空理我。	常与我同在，祂渴望与我在一起。 （见希伯来书13：5，耶利米书 31：20，以西结书34：11-16）
没有耐心、易怒， 祂对我所作所为永不满意。	满有耐心，也不轻易发怒，并且祂 悦纳那些盼望祂慈爱的人 （见出埃及记34：6，彼得后书 3：9，诗篇147：11）
凶恶、残忍或虐待人。	可爱、温柔，又乐意保护人。 （见耶利米书31：3，以赛亚书 42：3，诗篇18：2）

我弃绝这谎言， 它说我的父神：	我欢喜接受这真理， 它说我的父神：
要夺走我所有的人生乐趣。	值得我信靠，祂要给我完满的人生。祂的旨意美好而完全，又是我可以接受的。（见耶利米哀歌3：22-23，约翰福音10：10，罗马书12：1-2）
爱威迫人或操控人。	满有恩典和怜悯，祂容许我可能会犯错。（见希伯来书4：15-16，路加福音15：11-16）
定人罪，不饶恕人。	祂的心肠柔软，祂乐意饶恕人。祂的怀抱和膀臂永远向我敞开。（见诗篇130：1-4，路加福音15：17-24）
斤斤计较，是诸多要求的完美主义者。	全心投入我的成长，并且作为祂成长中的孩子，我相信祂以我为荣。（见罗马书8：28-29，希伯来书12：5-11，哥林多后书7：14）

我是祂眼中的瞳人！

第三课：选择相信真理

 欢迎

最近，你的祷告是否蒙神回应？请分享。

你认为一位无神论者的信心会比一位基督徒的要来得多，还是少？一位兴都教徒或穆斯林的信心与基督徒的相比又如何呢？那些"不知道自己信仰"的人其信心又如何呢？

 敬拜

我们父神的奇妙属性（请看上个星期的"我的父神"宣称）。

 话语

焦点经文：「人非有信，就不能得神的喜悦，因为到神面前来的人，必须信有神，且信祂赏赐那寻求祂的人。」（希伯来书11：6）

焦点真理：神就是真理。找出祂所说为真的话，并选择相信它（不论你觉得它真实或不真实）。如此，你的基督徒生命就会经历转化。

没有信心就不能得神的喜悦

信心是关键

我们因信得救，圣经常常提到，我们要凭信心而活。真实而活泼的信心，是你能成功地与神同行的关键。

信心纯粹是相信既定的真相

找出既定的真理；无论你感觉如何，你只需选择相信它。如此，你的基督徒生命就会被转化。

信心的果效取决于你信什么或你信谁

人人皆凭信心而活

信心的问题不在于我们有没有相信。每个人或多或少都相信一些事或一些人。

你每次的抉择和行动，都在表明你对某事的信念。有些西方人相信，人类只不过是比其他动物稍微进化得更多的动物，这样的信念其实和任何宗教的信仰一样。

基督徒和非基督徒信仰的唯一差别在于我们信的是什么

我们信什么或信谁（信心的对象）决定了我们的信心是否有果效。重点不在于我们是否相信，而在于我们信什么。

这就是为什么我们只需有芥菜种般的信心就足以移山（太17：20）。因为有能力移山的并不是我们，而是我们信靠的对象。

耶稣基督是信心的终极对象

耶稣就是我们信心的对象，祂永不会让我们失望，因为祂「昨日、今日、直到永远，永不改变」（来13：8）。

静思一

你认为一位无神论者的信心会比一位基督徒的要来得多，还是少？一位兴都教徒或穆斯林的信心与基督徒的相比又如何呢？那些"不知道自己信仰"的人其信心又如何呢？

向组员们分享你信靠神话语的一次经验，当时发生了什么事？

有位小男孩说："信心是努力地信那明知不真实的事"！你又怎么看"信心纯粹是选择相信既定的真相"？

人人都可以在信心中成长

我们对自己信靠的对象认识多少，我们的信心就有多少

信心乃是选择信神的话为真，并且遵照它而活。

「你们心持两意要到几时呢？若耶和华是神，就当顺从耶和华；若巴力是神，就当顺从巴力」（王上18：21）。

当你试着信神所说的话为真，又遵祂的话去行，并发现那是有果效的时候，你就能更深地认识神。让我们就从这里开始做起吧！

别让感觉牵着你走，而是让你的行为带给你正确的感觉。先是决定相信真理，作为起点，你的感觉自然就会跟上。

真理

↓

信念

↓

行为

↓

感受

患难使信心增长

我们应该都曾经历过，神未照我们所求于祂的去行。有时候我们必须承认，我们对神的认识有限，对祂要施展的作为也了解得不多，我们不知道自己所求的是否合乎祂的属性或旨意。

为了使我们的信心成长，神常常会把我们放在一个处境，看我们选择信靠祂、或是依靠其他的东西。

神的角色，就是表明真理（祂就是真理）；而我们的责任就是相信真理，并且依据真理而活。

信心带出行动

雅各书2：17-18写道，「信心没有行为就是死的。必有人说：『你有信心，我有行为』，你将你没有行为的信心指给我看，我便藉着我的行为将我的信心指给你看」。

人们未必按照他们嘴巴所宣称的去过活，但却会遵循他们里面真正的信念而行事为人。

并不是我们说些什么，而是我们做些什么，才真正地表明我们信心的内容。你若想要知道你真正信的是什么，看你的行为就知道了。

见证

想想看你所认识的非信徒朋友。圣经怎么说他们未信的原因（见哥林多后书4：4，罗马书10：14-15）？写下一篇祷文，特别求神做一些事，对付那拦阻他们不信的障碍。然后信靠神的话，并为这事祷告。

来临的一周

每天大声读出20项成功之"能"。然后，从中挑出你特别适用的一项，无论自己的感觉或环境如何，都决心相信它。如果你能根据那真理找出实际操练信心的方法，那就更好！

1.　圣经明说"靠着基督加给我力量，我凡事都能"，为什么我还说自己不能呢（腓立比书4：13）？

2.　我明知神会按祂荣耀的丰富，在基督里供应我所需用的一切，我怎么可能会缺乏呢（腓立比书4：19）？

3.　圣经明说"神给我的不是胆怯的灵，而是刚强、仁爱、谨守的灵"，我为何还惧怕呢（提摩太后书1：7）？

4.　我明知神已经量给我够用的信心，我怎么可能会不够信心去完成我的呼召呢（罗马书12：3）？

5.　既然圣经说"主是我生命的力量，我将因认识神而刚强行事"，那我为何还软弱呢（诗篇27：1；但以理书11：32）？

6.　既然那在我里面的比那在世界上的更大，我为何还容许撒旦辖制我的生命呢（约翰一书4：4）？

7.　圣经明说"神常常率领我夸胜"，我为何还接受自己是个败兵呢（哥林多后书2：14）？

8.　基督成为我的智慧，是从神而来的；当我向神求智慧的时候，祂也慷慨地赐予。既然如此，我怎么可能还缺乏智慧呢（哥林多前书1：30；雅各书1：5）？

9.　回想神的慈爱、怜悯和信实，我内心就有盼望，既然如此，我又何须沮丧（耶利米哀歌3：21-23）？

10. 既然我可以将所有的忧虑卸给那爱我的基督，我何须担忧和烦躁呢（彼得前书5：7）？

11. 我明知神的灵在哪里，那里就有自由，我又何须继续被捆绑呢（哥林多后书3：17；加拉太书5：1）？

12. 圣经明说"在基督里，我就不被定罪了"，我又何必还觉得被定罪（罗马书8：1）？

13. 既然耶稣说"祂会永远与我同在，祂永不离开我，也不丢弃我"，我又何须觉得孤单（马太福音28：20；希伯来书13：5）？

14. 既然圣经说"基督救了我脱离律法的咒诅，使我能领受祂的灵"，我又何必还觉得自己受咒诅、或注定是个不幸的受害者（加拉太书3：13-14）？

15. 既然我能像保罗般，无论遭遇何种景况都能知足自处的话，我何不就满足现况呢（腓立比书4：11）？

16. 基督为了我而成为有罪，好叫我在祂里面能成为神的义，我又何须觉得自己毫无价值（哥林多后书5：21）？

17. 我明知神若帮助我，就没有人能攻击我，那我为何还心存被迫害的情意结（罗马书8：31）？

18. 神既是平安的源头，祂藉着内住的灵能使我有知识，我又何须再困惑（哥林多前书14：33；哥林多前书2：12）？

19. 既然我靠着基督战胜一切，我又何须觉得自己是个失败者（罗马书8：37）？

20. 既然耶稣已经胜过这世界及其上的苦难，我明知能因此而得着胆量，我为何还容让生活的压力搅扰我呢（约翰福音16：33）？

第二章 世界、肉体和恶者

每一天，我们都挣扎着要抵挡三样东西：世界、肉体和恶者。它们合谋要让我们偏离真理。我们若能明白这三者作工的方式，就可以站立得稳。

 欢迎

如果你能到世界任何一个地方，你会选择去哪里？

你想，若你在另一个文化环境中成长的话，你看待世界的方式、你的信念是否会不一样？

 敬拜

耶稣的独特性。约翰福音14：6；以弗所书1：17-23；哥林多前书1：30；腓立比书2：5-11。

 话语

焦点经文：「不要效法这个世界，只要心意更新而变化，叫你们察验何为神的善良、纯全，可喜悦的旨意。」（罗马书12：2）

焦点真理：我们的成长环境影响着我们用一套特定的方式来看待生命，并且我们对那套方式深信不疑。不过，如果它并不符合神的话语，我们就必须弃绝它，并要让自己的信念与真理并行不悖。

何谓"世界"？

「你们死在过犯罪恶之中，他叫你们活过来。那时，你们在其中行为为人，随从今世的风俗，顺服空中掌权者的首领。」（弗2：1-2）

世界是指我们成长和生活于其中的体系或文化。

撒且被称为"世界的王"（约12：31）。换个方式来说，牠在世界的背后牵动绳索，牠透过世界作工。

世界的伎俩

伎俩一：它承诺满足我们内心的需求
我们被造时就具备这些原始的渴求——有安全感、生命的意义和被接纳。只有透过属灵生命的修复，这些渴求才能得到满足。我们本能地向世界寻求，冀望它能满足我们的渴求，但它却把错误的方程式灌输给我们（请看第14页）。

约翰一书2：15-17帮助我们了解世界藉以诱惑我们的三种管道：

肉体的情欲

我们若越多接受世界的谎言并照着去行，我们的心思就越多被这些毫无助益的"行为模式"所盘踞。

眼目的情欲

世界大多数的诱惑都透过影像来呈现。耶稣说，眼睛就是"身上的灯"（请看马太福音6：22-23）。

今生的骄傲

世界诱使我们炫耀自己的生活质素。它所设下的谎言为：是我们所拥有的一切（或成就）使我们的人生有意义。

举例说明自己曾经如何掉入世界的陷阱，接受了它灌输我们的"错误方程式"：

$$表现 + 成就 = 意义$$
$$地位 + 认同 = 安全感$$
$$外表 + 称赞 = 接纳$$

在肉体的情欲、眼目的情欲，并今生的骄傲这三个"管道"当中，你认为自己在哪一方面最为软弱（请看约翰一书2：15-17）？

伎俩二：以假乱真

我们都有一个世界观

随着我们成长的年代和地点的不同，我们各自发展出一套看待现实的方式，那就是我们的世界观。我们对现实的观点会变，但现实本身却不会变。

你的世界观就像是个过滤器。
所有发生在你周遭的事都要经过这过滤器，才能被整理出一个头绪。若你的世界观是错误的，你对发生在你生命中的事，也会作出错误的判断。以下列出几种不同的世界观：

1. 泛灵论——非西方的世界观

- 泛灵论相信，万物皆受制于某种宇宙的能量及各种类别的灵。

- 需要藉由专业人士来操控这股属灵能量，才可以为你做事。

2. 西方或现代的世界观

- 把现实分为"自然界"和"超自然界"，但只注重自然界的现象。
- 属灵的事被视为与日常生活无关。
- 惟有我们看得见、摸得到、测量得到的现象，才被界定为现实。

3. 后现代世界观

- 并没有所谓的客观真理。
- 每个人都有自己的"真理"版本。
- 每个人的"真理"版本同样有效。
- 你若不认同我的"真理"或不赞同我的行为，你就是拒绝我。

圣经的世界观："它真正的模样"

真理确实存在

神是真理

信心和逻辑可以并容

想想看，每个人在这世上都面对一个最重要的问题——你死后会如何？

- 印度教说，人死后，灵魂就落入轮回。
- 基督教说，人的灵魂将永远活在天堂或在地狱里。
- 无神论者相信，人没有灵魂，所以死了就没了。
- 后现代主义说，只要你不伤及任何人，随你怎么信都可以。

你相信死后将发生在你身上的事，和届时实际发生的事，两者是否有差别？或者无论各地的人们生前相信什么，他们死后都会经历同样的事？

逻辑告诉我们，我们死后都会经历同样的事，不在乎先前我们选择了什么信念。

神就是真理，所有的真理也都属祂，所以无论你生于何时何地，祂的标准放诸四海皆准。

静思二

你是否察觉，自己已经被这三种非圣经的世界观所影响？哪一个影响你最深？

假设你自小在地球的另一端长大，你的世界观又会有什么不同？

当你对人们说，耶稣是通往神的唯一道路时，该怎么做才不至于让自己显得狂傲？

伎俩三：参杂

我们里面有一个核心的信念体系——我们原本的世界观。成为基督徒之后，我们只不过是在外面添加一层基督徒的信念，旧的核心却仍旧在那儿。

在逼不得已的时候，我们会马上转用既存的核心信念，因为我们从未察觉原本的世界观是错的。

"基督徒信仰的真实并非因为它有效，它有效只因为它是真的…它不只是对我们来说为真，它对凡寻求它的人来说皆为真。因为真理就是真的，不管它有没有人相信；相反，假像就是假的，即便所有人都相信它。"（引述自欧姬内(Os Guinness)《真理的时候(Time For Truth)》第79-80页，2000年由Baker Books出版）

静思三

你可有实例说明，一位基督徒如何在信仰上参杂了其他的世界观？在你个人的生命中，你看见这倾向吗？

欧姬内(Os Guinness)说："基督徒信仰的真实并非因为它有效，它有效只因为它是真的"。你如何判断一个世界观的真实性？

是否你已决心除掉世界所灌输给你的核心信念，并委身于圣经所说的现实观？若是的话，你该如何持守自己的委身，使自己不被周遭生活文化的不同世界观所左右？

 见证

明白了"我们都在某种特定的世界观中成长"之后，将如何帮助你与非基督徒朋友谈话？对一位抱持后现代世界观的人来说，他把强烈的信念视为一件不好的事，你又会怎么跟他说？

 来临的一周

求圣灵带领你进入所有的真理，并向你显明，自己有哪些地方还被蒙蔽，仍旧对自小被灌输的非圣经世界观深信不疑？

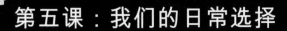

第五课：我们的日常选择

欢迎
如果你知道自己会稳操胜券的话，你最有可能会做哪些事？

敬拜
为着神的属性（祂是谁）而敬拜祂。希伯来书13：15；启示录19：5；诗篇99：9；历代志上29：11-13。

话语
焦点经文：「如果神的灵住在你们心里，你们就不属肉体，乃属圣灵了。」（罗马书8：9）

焦点真理：虽然你在基督里已经是新造的人、有全新的性情，也能自由地跟从圣灵的指示而活，不过顺服神并非是人自动自发就会做的事。

我们成为基督徒之后发生了哪些事？

- 我们里面有了新的心和新的灵
- 我们"在基督里"有了新生命
- 我们有一位新的主人（西1：13）

哪些事没有发生？

我们的身体没有改变

我们的"肉体"没有被取走
肉体指"堕落人类为所欲为的渴求"。

它包括了我们里面敌对神、抵挡祂话语的念头，这些念头成为我们"内在设定"的思考方式，随而做出敌对神的行为（请看罗马书8：5-7）。

我们需要训练自己在思想上遵循真理，而不是依照旧有的经验和习惯行事。这就是圣经所说"更新我们心意"（罗12：2）的过程。

罪没死
虽然罪很活跃，但我们却当向罪看自己是死的（对罪无动于衷）（罗6：11）。

"罪的律"仍然蠢蠢欲动。那么，该如何胜过这活跃依旧的律呢？藉着一个更大的律：「赐生命圣灵的律在耶稣基督里，释放了我，使我脱离罪和死的律了。」（罗8：2）

我们的选择

- 虽然我们不必再随从肉体去思考和回应，但我们也可以选择这么做。

- 虽然罪在我们身上已经毫无权势，但我们还是可以选择向它屈服。

没有任何事能改变我们的身份以及神爱我们的事实，但我们在每日生活中所做的选择将决定我们的后果。我们是选择信神的话为真并照着去做，抑或选择不信？

三种不同类型的人（林前2：14至3：3)

属世的人——没有圣灵的人（林前2：14及弗2：1-3）

这里形容一些还不是基督徒的人，他们：

- 身体活着，灵却死了。

- 与神隔绝。

- 生活中没有神。

- 随从肉体活着，完全由肉体来左右他们的行为和选择。（参阅加5：19-21）

- 缺乏属灵的根基应付生活中的压力。

属灵人（林前2：15）

这是一个基督徒的正常状态：

- 在基督里因信被改变
- 灵与神的灵连结
- 已经得到赦免，在神的家中被接纳，实现在基督里的价值。
- 推动力来自圣灵，而非肉体
- 有更新的心思(旧的思想已被丢弃，有真理取而代之。)
- 常常喜乐、有平安，而非烦扰不安。
- 选择顺从圣灵而行，能结出圣灵的果子。(加5：22-23)
- 仍然有肉体，却愿天天将它钉死，接受他已向罪死的真理（罗6：11-14）。

属肉体的人（林前3：3）

形容一个灵已经活过来的基督徒，不过他没有顺从圣灵的感动，反而随从了肉体的驱策。

他的日常生活较像属世的人（非基督徒），而不像属灵的人：

- 心思被错误的想法所占据
- 充满消极的情绪
- 全身紧张有压力
- 没有活出在基督里的位份
- 常常感觉自卑、不安、不足、罪疚、担忧和疑惑
- 经常被某些罪"辖制"（罗7：15-24）

他们随时会失去的，不是他们的救恩，而是他们结果子的生命。

在你的经验里，基督徒行事非常不像基督的可能性有多大？你能否举出特定的例子，说明自己的行为曾经如何地不像基督？

你认为，为何许多基督徒仍被不安、自卑感、不足、担忧、罪疚和疑惑所困？

作为基督徒，我们当如何胜过罪的律，并克服犯罪及自私行为的倾向？

如今全看我们了！

「神的神能已将一切关乎生命和虔敬的事赐给我们，皆因我们认识那用自己荣耀和美德召我们的主」（彼后1：3）。

我们已经有了"一切属灵的福气"（弗1：3）。

神还需做些什么，才能让你在基督里有自由、结果子？其他人还需为你多做些什么吗？

成长的障碍

无知

蒙蔽（西2：6-8）

基督徒常被蒙蔽的范围包括：
- "也许这对别人有用，但是对我却行不通。"
- "我不可能像某某人那么有信心。"
- "神绝不可能会用我。"

个人灵性上未解决的冲突

罪会给魔鬼留地步（弗4：26-27），拦阻我们前进。很多人信主了，但却未真正悔改。

"在基督里得自由的步骤"是一项你可以全面检视自己生命的工具，求圣灵指示你在哪些事上还没有悔改，好让你能关上大门，不再受仇敌影响。

顺从圣灵行如今是真正的选择

不管我们感觉如何，我们一旦决定了相信真理，也解决了我们先前未处理的灵性冲突之后，我们每天就真能自由地作选择了。我们可以选择随从肉体的驱使，抑或顺从圣灵的感动。这两者是彼此对立的。

于是，我们就回到亚当夏娃未堕落之前的光景——可自由地选择。

顺从圣灵而行并非：

- 只是感觉良好

- 为所欲为的通行证。「情欲和圣灵相争，圣灵和情欲相争，这两个彼此相敌。」（加5：17）

- 律法主义。「你们若被圣灵引导，就不在律法以下了。」（加5：18）

顺从圣灵而行乃是：

- 真正的自由。「主的灵在哪里，那里就得以自由。」（林后3：17）

- 让神来带领。「我的羊听我的声音，我也认识他们，他们也跟着我。」（约10：27）

- 跟随神的步伐行走正路。「凡劳苦担重担的人可以到我这里来，我就使你们得安息。我心里柔和谦卑，你们当负我的轭，学我的样式；这样你们心里就必得享安息。因为我的轭是容易的，我的担子是轻省的。」（太11：28-30）

如何知道自己是否顺从圣灵而行？

正如你可以从果子知道树，你也可以藉着你生命中的果子，知道自己是否顺从圣灵而行（请看加5：19-23）。

顺从圣灵而行是每分每秒的事，是每天要经历的。你每天、每时刻都要选择：究竟要顺从圣灵，抑或随从肉体而活。

不过，一旦你知悉神是谁以及你是谁的真理之后，你怎么还会想随从肉体而活呢？

静思二

读加拉太书3：3。当你回顾过去的时候，你可以举出哪些实例说明，虽然身为基督徒，自己也曾经尝试靠人为的努力来过活？

你认为，为何更努力尝试做对的事情并不足够？

如果我们要让圣灵来带领的话，我们该如何聆听和辨认祂的声音？

 见证

你会如何用非基督徒能明白的方式，向他们说明被圣灵充满的好处？

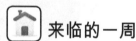 **来临的一周**

每天特别将自己委身于顺从圣灵行事，并求圣灵来充满你。

第六课：拆毁营垒

欢迎
别人对你所说过最不堪入耳的话是什么？ 你是否能够不把它当一回事？抑或它始终如影随形地跟着你？

敬拜
神的恩典。约翰一书3:1；以弗所书1:6-8；约翰福音1:16。

话语
焦点经文：「将各样的计谋，各样拦阻人认识神的那些自高之事，一概攻破了；又将人所有的心意夺回，使他都顺服基督。」（林后10:5）

焦点真理：我们都有心思上的营垒——即不符合神真理的想法。

何谓营垒？

「基督释放了我们，为了叫我们得以自由。」（加5：1）

如果你的生命未能与真理产生连结，可能是因为你思想上存在着"营垒"，而且并未悔改。

营垒与肉体息息相关。

司沃索(Ed Silvoso)如此定义营垒："充斥着无望的思想模式，使我们以为事情毫无转弯的余地，但我们知道这样的想法乃是违反神旨意的。"（取自司沃索的著作《不愿一人沉沦(That None Should Perish)》第155页，1994年由Regal Books出版。）

尼尔安德森说："营垒是指违背神话语的一种惯性思想模式。"

通常，从人身上一些不太像基督的气质或行为，就可以显示营垒的存在。在一些应该去做的事上，营垒使我们觉得自己无力去做；或在一些不该去做的事上，使我们觉得自己无力去制止。每个营垒的背后，都有根深蒂固的谎言。

静思一

读罗马书6：1-7。经文说，我们已经"在罪上死了"，并且无需"再作罪的奴仆"。当你经历到被一些行为模式所困的时候，你明明知道那是不对的，但你却似乎无法逃脱，这时候你的感受如何？而当你发现自己似乎也无法去做那些明知是对的事，这时候你又作何感想？

有些基督徒退而求其次，只安于次好的基督徒生活，你对此有何感想？

你是否能举出一些个人或某些人的实例，来说明他们无法甩开一些明知不对的思想或行为？神既是美好，而且在祂凡事都能，那么我们可以有哪些改变的指望？

营垒是如何建构而成的

我们的环境

我们所住的堕落世界与神为敌

- 我们在认识基督之前就住在这里了
- 我们被教导或被训练要去迎合周遭的环境。

创伤经验

例如：家中有人去世、离婚、或被强暴。这些事会因其震撼当事人的强烈程度而形成营垒。

若你的信念并不反映真相，那么你的感觉也就不能反映事实。

诱惑

当我们不断向诱惑屈服的时候，营垒在我们里面也就成形或被强化。每次的试探都企图诱惑你不靠神而活。我们经常被试探的地方，是关于人生意义、安全感和被接纳三方面的合理需求。问题是，这些需求究竟是由世界、肉体和魔鬼来满足，抑或交由那位应许"必照祂荣耀的丰富，在基督耶稣里使你们一切所需用的都充足（腓4：19）"的神来使你满足？

"门槛思考"

「你们所遇见的试探，无非是人所能受的。神是信实的，必不叫你们受试探过于所能受的。在受试探的时候，总要给你们开一条出路，叫你们能忍受得住。」（林前10：13）

在所有的试探中，神已经为你提供了一条出路。在哪儿呢？就是在一开始。一旦试探踏进你思想的门槛里，那就是你"将所有的心意夺回，使它都顺服基督"（林后10：5）的时机。

静思二

当你被试探，看起来似乎无法胜过的时候，有哪些圣经上的知识能够带给你鼓励呢？

如果你过去曾经掉入试探，如今你可以如何预备自己去胜过前面的试探？

营垒的影响

产生错误的现实观

「天怎样高过地，照样，我的道路高过你们的道路，我的意念高过你们的意念。」（赛55：9）

「你要专心仰赖耶和华，不可倚靠自己的聪明。在你一切所行的事上，都要认定祂，祂必指引你的路。」（箴3：5-6）

营垒会使我们太过着重感受，以致我们看不见事实的真相。

作出坏的选择

当我们委身地认识神、认识祂行事的方式时，我们将能作出更好的选择。神的确想要把最好的给我们，况且祂知道什么对我们最好。

拆毁营垒

我们需要容忍营垒吗？不！

「因为我们虽然在血气中行事，却不凭着血气争战。我们争战的兵器本不是属血气的，乃是在神面前有能力，可以攻破坚固的营垒，将各样的计谋，各样拦阻人认识神的那些自高之事，一概攻破了，又将人所有的心意夺回，使他都顺服基督。」（林后10：3-5）

"检查病毒"：一旦我们对付仇敌所霸占的地盘之后，我们将会发现，营垒只不过是一些惯性的想法或行为而已。

我们需要保守我们的心，随时"将心意夺回，使他顺服基督"（林后10：5）。

全面的解决方案

如果我们要有一个全面的解决方案，我们就必须了解，除了世界和肉体之外，我们还要抵挡魔鬼。下一课，我们将探讨魔鬼的角色。而在这三种敌对势力中，魔鬼是最容易解决的一个。

见证

要向那些未认识主的人传讲耶稣，你觉得容易吗？你觉得困难是否与你思想上的营垒有关？尝试找出来，究竟是什么谎言在你的思想中如此运作？同时找出圣经中的一些相关真理，并委身于相信这些真理。

来临的一周

默想经文：哥林多后书10：3-5；罗马书8：35-39；腓立比书4：12-13。

第七课：心思的争战

欢迎

你是否曾经被任何人施诡计在你身上？或者你是否曾经用计骗过一些人？

敬拜

神的权柄——我们的权柄。歌罗西书2：15，20；路加福音10：19；马太福音28：18，20；以弗所书6：11-18。

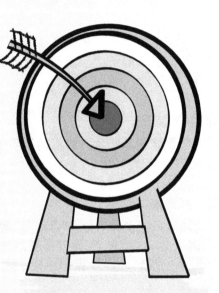

话语

焦点经文：「要穿戴神所赐的全副军装，就能抵挡魔鬼的诡计。」（弗6：11）

焦点真理：我们的心思是战场。我们若能察觉撒旦如何作工，就不至于堕入牠的诡计。

争战的真实

「耶稣来，为要除灭魔鬼的作为」（约一3：8）。

在西方世界观成长下的我们经常忽略了灵界的真实性，即或从神学上我们知道有灵界，但在我们的生活或事工的运作上，却仿佛它并不存在似的。

不管我们喜欢与否，我们已在战场上了。保罗告诫我们，我们不是与属血气的争战，我们乃是与天空掌权属灵气的恶魔争战（弗6：10-12）。

撒旦是谁？

亚当和夏娃把掌管世界的权柄拱手让给了撒旦。耶稣称撒旦是"世界的王"（约12：31）。

撒旦并不如神

我们通常只把世界区分为"自然界"和"超自然界"，不过，圣经却将"创造者"和"受造者"界分得很清楚（参阅约1：3）。上帝是创造者；但撒旦却跟我们一样，同是受造者。两者根本无法相比。

撒旦一次只能在一个地方出现

正因为撒旦和你我一样都是受造者，所以我们可以得出一个结论：牠一次只能出现在一个地方。只有神可以同时在各处出现。

撒旦的能力和权势根本无法与神相比

耶稣在十字架上已完全制伏撒旦（西2：15）。祂远超过所有的能力和权势（弗1：21）。

撒旦并非无所不知

在但以理书第二章，术士们因无法读取尼布甲尼撒王的心思，也就无从为王解梦。再者，撒旦只是个受造物，并不具备神的属性，从这两方面的事实来看，我们可以作出此推论：撒旦不能透视你的心思。

撒旦如何作工

透过有组织的堕落天使群作工

撒旦透过「执政的、掌权的、管辖这幽暗世界的、以及天空属灵气的恶魔」工作（弗6：12）。

牠把意念放入我们的心思

「圣灵明说，在后来的时候，必有人离弃真道，听从那引诱人的邪灵和鬼魔的道理。」（提前4：1）

圣经中有三个例证，说明撒旦如何把意念放入人的心思：

- 「撒旦起来攻击犹太人，激动大卫数点他们。」（代上21：1）

- 「吃晚饭的时候，魔鬼已将卖耶稣的意思放在西门的儿子加略人犹大心里。」（约13：2）

- 「彼得说：『亚拿尼亚！为什么撒旦充满你的心，叫你欺哄圣灵，把田地的价银私自留下几分呢？』」（徒5：3）

当撒旦把念头放入我们心思的时候，牠会使我们以为那念头是出于我们自己的，比如说"我真没用，我很丑"等等。

到目前为止，你学到哪些关于撒旦的东西，是让你大为惊讶的？

撒旦比你想像中更有能力吗，或更少能力？

你心里有某些念头看起来像是出于自己的，但实际上却是欺哄人的灵所放进去的。关于这点，你作何感想？你能认出那是在什么情况下发生的吗？那些念头全都是错误的吗？

牠试探、控告和欺骗人

如果我引诱你，你会知道。如果我控告你，你也会知道。但如果我欺骗你的话，按理你是不知情的。欺骗就是撒旦主要的诡计。

牠藉着罪在我们生命中立足

以弗所书4：26-27说，如果你不立即处理你的怒气，你就给那恶者留了地步。

「你们赦免谁，我也赦免谁。我若有所赦免的，是在基督面前为你们赦免的，免得撒旦趁着机会胜过我们，因我们并非不晓得牠的诡计。」（林后2：10-11）

撒旦最常藉着不饶恕，进驻我们的生命。

鬼魔和基督徒的关系

我们在此要强调的，并非基督徒被"鬼附身"（即被鬼魔全然征服或被夺去），因为在你内心深处，你的灵已与神的灵相通了，撒旦无法将你夺走。我们要探讨的是，撒旦想藉由影响你的心思，使你走中庸之道（即没有立场），甚至利用我们来达到牠的目的。

静思二

读哥林多后书4：4。你认为撒旦如何在你非基督徒朋友的生活中作工呢？请举例。

你想你能够为此做些什么吗？

读歌罗西书4：2-3。你可以如何具体地为他们祷告？

我们如何防御

认识我们在基督里的地位

弗1：19-22告诉我们，耶稣现今坐在神的右边，牠拥有至高无上的权柄，「远超过一切执政的、掌权的、有能的、主治的」。

「牠又叫我们与基督耶稣一同复活，一同坐在天上。」（弗2：6）

因着耶稣所成就的一切，教会才被赋予了权柄和能力去完成牠的工作。所以，我们的权柄是为了执行神的旨意，并无其他目的。只要我们被圣灵充满（或掌管），我们就能运用神的大能去作工。

运用我们在基督里的资源

撒且已被打败，但牠还是"到处寻找可吞吃的人"（彼前5：8）。虽然如此，我们却已拥有足够的资源去对抗牠。

保罗告诫我们，要穿戴神的全副军装，才能站立得稳（弗6：11-20）。

「你们要顺服神，务要抵挡魔鬼，魔鬼就必离开你们逃跑了。」（雅4：7）这是帮助我们脱离"犯罪-认罪"循环的秘诀。当我们犯错的时候，不仅要认罪，还要抵挡魔鬼。

不要被惊吓

鬼魔面对基督徒才真的胆战心惊，因为牠知道我们在基督里有能力和权柄。

所以，我们根本不必怕牠。

「从神生的必保守自己，那恶者也就无法害他。」（约一5：18）

保守我们的心

「所以要准备好你们的心，警醒谨慎。」（彼前1：13，新译本）

神从未告诉我们，要被动地让自己的思想被牵引或引导，反而神要我们主动地带出自己的想法。神从来不会不顾我们的悟性，牠向来都在我们的心思悟性里作工。

开灯

其实，撒旦在我们身上毫无能力，除非牠欺骗我们，使我们以为牠有这能力。当我们不信真理的时候，我们就真的赋予了牠这份能力。

把撒旦的谎言曝露在神的真理之中，牠的力量就会被瓦解了。在约翰福音17：15-17，耶稣如此祷告：「我不求你叫他们离开世界，只求你保守他们脱离那恶者。」

还有，尝试不去想负面的事并没有果效。作为基督徒，我们并非受命要把黑暗赶走，我们乃是受指示要把灯点燃。

千万别让假像占据你的心思。反而，我们要认识真相，藉着熟悉真理，让自己的心思充满积极的事：

「应当一无挂虑，只要凡事藉着祷告、祈求和感谢，将你们所要的告诉神，神所赐出人意外的平安，必在基督耶稣里保守你们的心怀意念。弟兄们，我还有未尽的话：凡是真实的、可敬的、公义的、清洁的、可爱的、有美名的，若有什么德行，若有什么称赞，这些事你们都要思念。」（腓4：6-8）

静思三

你认为，穿戴神所赐全副军装的实质意义是什么？

假设你在夜里醒来，感觉有个可怕的邪灵出现在你的房间，根据雅各书 4：7以及在本课所学习的功课，你认为怎么做才是一个好的行动对策？

 见证

你认为，撒旦如何在你非基督徒朋友的生活中作工呢？你能够做些什么来帮助他们吗？

 来临的一周

默想经文：太28：18；弗1：3-14；弗2：6-10；西2：13-15。

第八课：妥善管理情绪

第三章　断开往日的纠缠

神并不改变我们的过去，但靠着祂的恩典，祂使我们能自由前行，不被过去所牵绊。这一课包含走过"在基督里得自由的步骤"（请看另一本书册《在基督里得自由的步骤》）。

 欢迎

你会用"感性"来形容自己吗？请跟小组分享曾经让你感到痛苦或喜乐的一件事。

 敬拜

祂把我们造得多么好，祂多么了解我们！（诗篇139）。

 话语

焦点经文：「你们要将一切的忧虑卸给神，因为祂顾念你们。务要谨守、警醒，因为你们的仇敌魔鬼，如同吼叫的狮子，遍地游行，寻找可吞吃的人。」（彼前5：7-8）

焦点真理：情绪是我们思想的结果，也是我们属灵健康的测量器。

我们不能直接控制自己的感觉

里面和外面的人彼此联系

我们里面的人（灵／魂）和我们外面的人（身体）彼此联系，在共同运作下发挥功能。最明显的两两相连实例，就是我们的脑和我们的心思。

头脑的功能就像是一部电脑的硬体，而心思就好比是其中的软体。圣经一而再强调的是我们的心思，包括要我们选择真理，相信真理，将所有的心意夺回等等。

哪些事我们能控制？哪些事我们不能控制？

我们不能直接控制自己的情绪感受，但当我们选择改变信念及我们的行为——即我们可控制的范围，经过一段日子之后，你的情绪其实就会跟着改变。

感觉显示真正的信念

情绪是魂的感受能力，就像是身体感受到痛的能力一般。

你所相信的若不是真理，那么你的感觉也就不反映出实情。生活事件不能决定你是谁，也不至于能决定你的感觉如何，反而是你对这些事件的看法才决定一切。

我们若越多相信真理，并选择信神的话为真，我们就越能从神的观点来看待自己的环境，也就越少会让感觉牵着自己游走。

改变我们的感受

导致压力的其中一个原因，是因为从过去的经历或挫败中，我们相信自己是无助或无望的。

然而作为基督徒，你并不是无助或无望的。当你认清事实及相信真相之后，自然就能带来医治。

静思一

你怎么看"并不是情境本身，而是你对那情境的看法，决定了你的感觉"这一句话？

如果你经常容易被负面情绪所困，你可以如何开始用较健康的角度看待事情，让自己的想法能对准神话语中的真理？

如果你正面对情绪的困扰，何不打造一个"属灵急救箱"来自救？你可以收集各样有用的工具，让你在危急之际可随手用来为自己找出路。这些工具将会指引你走向真理之路，比如说一节重要的经文；你可以打电话求救的人；一篇祷告文；你喜爱的一本书或是取自书上的文章；或你喜爱的赞美诗。请在以下的空间写下这些急救工具。

我的属灵急救箱

跟着感觉走会使我们轻易被击垮

你不是让感觉牵引你作出好行为，而是用行动带出好的感觉。让我们从选择相信真理开始做起，如此将能带出合乎真理的行为。经过一段时间之后，我们的感觉自然就会跟着改变。

真理 → 信念 → 行为 → 感觉

如果我们不能正确地管理自己的情绪，如生气（请看以弗所书4：26-27）及焦虑（请看彼得前书5：7-9），我们就会自找麻烦。

管理情绪的三种方式：

掩盖它（压抑）

压抑是有意识地忽略自己的感觉，或选择不去处理它。如此做并不健康，也不诚实。

爆发（不明究底的表达）

不明究底地表达自己的情绪，会影响周遭人们的身心健康。请看雅各书1：19-20。

诚实（承认）

健康的回应是，诚实地承认我们的感觉；先是向神坦诚，然后也坦荡地待人。

静思二

当一些事引发你里面强烈情绪的时候，你通常会如何处理？

读诗篇109：6-15。记载于圣经的这些祷文是否叫你惊讶？记住，这是神圣洁、激励人心、完美的话！你是否曾经对某人有如此强烈的感受？当时你如何回应呢？为何坦诚地把自己对情境的感受告诉神是如此重要呢？

你能否告诉神任何一件事，是祂不曾知道的呢？

以我们生命中所面对的课题为例，我们可以来探讨看它们究竟是从真理出发，抑或从感觉出发。如果我们以神话语的真理作为出发点，并选择相信真理，自然就会在我们的行动中表明出来，结果我们的感受也就合乎实情。但是，如果我们以自己的感觉作出发，就将会带来截然不同的结果。以下列出三种我们可能会面对的情境实例，以及两个图表。其一图表显示以真理作为出发点的可能后果，另一图表则显示以感觉为出发之后可能会发生的情况。你认为它们是否合乎事实？

A. 当我面对挑战的时候，我把它看成是信靠神的机会并因此成长；抑或我把它看成是一个麻烦。

B. 当人们似乎待我冷漠的时候，我可以信靠神，向祂求恩惠；或是感到不安，不知该如何与他们相处。

C. 当我面对经济压力的时候，我可以把它视为信心成长的机会，并证明神的信实；抑或会因此而感到焦虑。

真理导向（从上到下）的方案：

	真理	信念	行为	感受
A	神永不会弃我于不顾（赛43: 2,3）	神量给我的，不会超过我能承受的；而且我可以相信祂会帮助我。	积极面对挑战	对神的帮助有信心
B	神若帮助我，谁能敌挡我（罗8: 31）	在人与人的关系上，我要信靠神	我不会理会这些琐碎事，并在其他方面肯定自己	我有信心，当我需要别人帮助我的时候，神会给我这恩惠。
C	在我的用度上，神信实地待我，并且祂应许要满足我所需（腓4:19）	期待神如此做	期待神的作为，并尽己所能，增加收入及减少支出	内心平安和稳妥

□□□□□□□□□□□□□□□

	感受	行为	信念	我的现实观
A	这些要求让我吃不消，精疲力尽。我解决不来；沮丧。	抽身，逃离	我是无助的	我一直都是失败者
B	我感到被遗弃、被拒	对别人些微的冒犯（不管出于真实或想象）而反弹，或是从人群中退缩	我是不被爱的，人们恨恶我	因为人们不要跟我在一起，我懊恼及批评他们，于是脾气变得暴躁及不可理喻
C	为金钱之需而焦虑	尝试赚取金钱，或是吝啬	赚钱的责任全落在我身上	我办不到（生气）；我做到了（骄傲）

处理旧日的创伤

神并不希望我们昔日的痛苦，对我们今日造成负面的影响。

我们会继续受制于过去，并不是因为昔日的创伤事件，而是因为我们相信了事件发生当下的谎言。这些谎言会留在我们的心思，逐渐形成营垒。

神的子女并不是旧日生活下的产物，而是基督十架和复活之工的成品。没有人可以修复我们的过去，但我们可以选择走出旧日伤害的阴影。我们可以运用自己在基督里的新身份，重新评估我们的过去。当我们从心里饶恕那些伤害我们的人之际，神必释放我们，使我们得以自由。

 见证

当你感到生气、焦虑或沮丧的时候，你是否会不想让你身边的非基督徒朋友看到？为什么会？为什么不会？

 来临的一周

试想想使徒彼得的情绪本质。从马太福音16：21-23；17：1-5及约翰福音18：1-11，先看有哪些场合，是他容让自己的情绪失控，并冲动地行事或说话。接着，再看耶稣如何用超越的眼光，从彼得的冲动中见到他的潜能（太16：17-19）。最后，看主的眼光如何获得证实——在圣灵的大能底下，彼得成为了早期教会的代言人（徒2：14-41）。在你的个性当中，没有什么是太难，以致神克服不了的。神能在其中使它变得美好！

第九课：打从心里饶恕

 欢迎

读马太福音18：21-25，或者根据学员手册上第74至第75页的剧本，把经文内的故事演出来。尝试把自己代入其中一个角色，并把故事里最撼动你心的对白读出来。

 敬拜

神完全宽恕我们。
希伯来书4：16；
以弗所书3：12；
诗篇130：1-5。

 话语

焦点经文：「他主人在怒气中把他交给掌刑人折磨，直到他还清了所欠的债。我们的天父也会这样对待我们，直至我们从心里饶恕了我们的弟兄。」（太18：34-35）

焦点真理：为了能经历我们在基督里的自由，我们必须按照神待我们的方式——完全饶恕和接纳——去对待别人。

饶恕的必要

「你们赦免谁，我也赦免谁，我若有所赦免的，是在基督面前为你们赦免的。免得撒但趁着机会胜过我们。因我们并非不晓得他的诡计。」（林后2：10-11）

除了不愿意饶恕，没有什么更能够把你囚禁在过去。

最能让撒但拦阻教会增长的，就是苦毒的根。一个人不愿意去饶恕，就会生出苦毒。

这是神的要求（太6：9-15）
我们必须学习：神如何待我们，我们也当如何待人。

这是得自由的必经之途（太18：21-35）
神不希望祂的儿女被过去捆绑，而活在苦毒之中。

我们负债的程度

我们必须了解自己亏欠神的债究竟有多少。

那赦免多的，他的爱就多；那赦免少的，他的爱就少。（请看路7：47）

我们必须晓得自己在神面前，充其量不过像一块破布（赛64：6）。没有了基督，我们都会被定罪。我们都已经被神宽宏大量地赦免了。

不可能偿还

一千万银子或一万塔连德(talents)是个大数目。我们所亏欠神的债也是如此，是不可能偿还的。

需要神怜悯

公义 = 把人们所应得的给予他们
怜悯 = 不把人们当受的降到他们身上
恩典 = 把人们所不配得的赐给人

我们要完全依照神恩待我们的方式，去待别人。

静思一

人们有时认为，他们的过犯并不像其他人的那么糟糕。你怎么看？

你曾经历的饶恕有多少？很少，或很多？为何你这么想？

免得恶者有机可乘（林后2：10-11）
在马太福音18：34，耶稣用的"苦待"一词在新约通常指属灵的折磨（例，马可福音5：7）。

我们若不饶恕人，就等于是自行敞开大门，让恶者进去影响我们的生命。

从心里饶恕人是什么意思呢？

耶稣警告我们，我们若不从心里饶恕人，我们也将遭受属灵的折磨。

我们向你推荐一个饶恕的祷告公式："主啊！我选择饶恕（某某人的名字），因为（他所做/或没做到的具体事项），他这么做使我觉得（向神说出你想到的每个伤害和痛苦）。"

饶恕涉及与他人的关系（弗4：31-32）。不过，关键乃是神与我们之间的关系。

原谅可以止息痛苦

原谅人是为了你自己。我们以为原谅对方，就是把对方从钩子上解开。事实正好相反，若不原谅他们，我们自己反而会被钩住，继续待在过去的伤痛中。

静思二

到目前为止，有哪些事是你首次听闻的新鲜事？

一般来说，我们没有人会想要记取过去的伤害。想想看，为何我们必须回顾昔日的伤害，才能带来真正的饶恕？如果你不认同这么做的话，又是什么原因？

我们已经探讨过，饶恕的重点在于你和神之间的关系，而不是那伤害过你的人。但是，为什么我们通常不这么觉得呢？

若没有饶恕的话，真正遭受痛苦的人是被冒犯者，而非冒犯者。为什么会这样呢？

何谓饶恕？

不是忘记

尝试忘记并不能消除你的伤痛。真正的饶恕是"选择放手，不再翻旧账去报复对方"。

不是容忍罪

当你饶恕人的时候，你还须制止罪一再地重演，你可以选择离开受虐的情境，或者向执法人员投报，你如此作完全是合情合理的。

不是寻求报复

饶恕并不表示我们把事当作没发生过。饶恕乃是采取信心的步伐，把事情交托给神，让祂成为那公义的法官，信祂必为你伸冤、讨回公道（请看罗12：19）。

愿意在他人犯罪的后果下生活

每个人都在他人犯罪的后果之下生活。但我们能作一个选择：是要活在苦毒的捆绑中，抑或要活在饶恕的自由中。

饶恕是释放俘虏得以自由，过后才领悟原来自己就是那俘虏！

静思三

本课内容是否改变了你对饶恕的看法（即饶恕是什么及不是什么）？

下次有人冒犯你的时候，你想，你能有多快就原谅他呢？

原谅了人之后，你能为自己的遭遇讨回公道吗？如何办到呢？

 见证

对一些未信主的人来说，饶恕人会带给他们怎么样的挑战呢？你是否有任何范例，可以向未信主的人说明饶恕是怎么一回事？

 来临的一周

请圣灵预备你的心，带领你进入所有的真理，并开始向你显明哪些地方需要被祂光照，日后当你走过"在基督里得自由的步骤"的时候，就能够加以处理。

马太福音18：21-25戏剧版

人物：彼得、耶稣、仆人1、仆人2、主人

彼得　　　主，我的弟兄得罪我，我要饶恕他几次？
　　　　　　七次吗？

耶稣　　　我告诉你，不是七次，而是七十个七次。

　　　　　　所以，天国就像是一个王，他要跟他的仆人们
　　　　　　清算账目。当他开始清算的时候，一个欠了他
　　　　　　一千万银子的人被带到他面前。由于那人无力
　　　　　　偿还，主人就命令他用自己、妻子、儿女，
　　　　　　以及他所拥有的一切来抵偿他所欠的债。

　　　　　　那仆人在主人面前跪下。

仆人1　　请宽容我，我会偿还所欠的一切。

耶稣　　　那仆人的主人就怜悯他，撤销了他所有的债，
　　　　　　并把他放走。但是，当那仆人出去的时候，
　　　　　　遇见了他的同伴，欠了他十两银子。他揪住
　　　　　　他的同伴，掐住那人的喉咙。

仆人1　　把你欠我的还我！

耶稣	他的同伴跪下求他：
仆人2	请宽容我，我会偿还所欠你的一切。
耶稣	但他拒绝了。反而，他去把那人下在监里，直到那人清还债务。其他的同伴看到他所做的事之后，他们都很忧愁，去把这事告诉了主人。 于是，主人把那仆人叫了进来。
主人	你这恶奴才，因你求我，我就撤销了你欠我的债。你不应当怜恤你的同伴，像我怜恤你一样吗？
耶稣	在愤怒中，他的主人把他交给掌刑的折磨他，直到他还清所欠的债。 若你们不打从心里原谅你的弟兄，我天父也要这样对待你们了。

揭露营垒

当你走过"在基督里得自由的步骤"之步骤3"饶恕"的时候，我们鼓励你能用以下的方式祷告："主,我选择饶恕 [人名] ,因为 [他做了什么事] ,那使我感到 [把主向你显明的伤痛逐一地向主陈述] "。

请使用本页的空白处,把每个感受的字句写下来。其中一些感受可能揭露出你心思中有哪些营垒,而日后你可以对此作出处理。我们将在第十课教你一套策略,对付这些营垒。

第十课：每日行在自由里

第四章 成长为门徒

掌握了在基督里得自由的位份之后，我们须把心思集中在迈向成熟的课题。在这几课，我们将学习如何站立得稳；如何与他人来往；及如何持守正道，使自己越来越像耶稣。

欢迎
你认为"在基督里得自由的步骤"如何？

敬拜
祂使我得自由！加拉太书5：1；诗篇119：45。

话语
焦点经文：「惟独长大成人的，才能吃干粮，他们的心窍习练得通达，就能分辨好歹了。」（来5：14）

焦点真理：我们是否能持续地行在自由里以及迈向成熟，取决于我们能持续地更新自己心思的程度，以及能训练自己分辨好坏的程度有多少。

迈向成熟

一个正常的基督徒应该是经常朝着灵命成熟的目标迈进，只可惜，许多基督徒信主的年日虽然加增，但灵命却未必成熟！（请看林前3：1-3）

自由和成熟的差别

「神的神能已将一切关乎生命和虔敬的事赐给我们，皆因我们认识那用自己荣耀和美德召我们的主。」（彼后1：3；另参阅弗1：3；西2：9-10）

我们已经拥有一切所需，能成为成熟的基督徒；不过，成熟却不会自动地发生在我们身上。

得自由可能在很短的时间内就发生，但成熟却是一生的功夫；这两者之间有很大的差别。

成熟是一个成长的过程，自由却是我们在基督里的位份，即基督胜过罪恶和撒但所得来的位置。在我们生命的各个范畴里，我们要不就是自由的，要不就是落入捆绑之中。在这些范畴里，我们无需"渐渐地"得自由；我们乃是靠着在基督里的权柄，一旦觉察到自己若在何处被欺骗和捆绑，就从何处立时把自由夺回来。

我们若没有先得到自由，就无法朝成熟迈进。

迈向成熟的三大要诀

1. 负起自己的责任

神设定了一些规则，祂宣告了某些事是祂的责任，另有些事是我们的责任。神不会为我们去做我们的分内事；祂也不会

（甚至也没有任何人可以）代替我们去悔改、相信真理、或饶恕别人，因为做那些事是我们自己的责任。

作为基督徒，没有人可以代替你向前迈进，因为这是你自己的责任。

如何能让一位基督徒转变呢？藉着「心意更新而变化」（罗12：2）就行了。那又是谁的责任呢？你的！

被转变的钥匙就在你自己手里！除了你自己，没有任何人或事能阻挡你按神的样式而活！这真是天大的好消息！

你自己就可以做，但你万不可就此独来独往。我们都需要别人鼓励我们，关爱我们，支持我们。只不过我们当晓得，至终我们都得为自己与神之间的关系负起责任。

静思一

倘若基督徒并未如期成长为他们该有的样式，那会是什么东西拦阻了他们呢？你对自己生命的成长速率有何感想？

彼得后书1：3告诉我们，我们已经拥有一切所需来活出基督徒的生命（另请参阅弗1：3和西2：9-10）。既然如此，为什么有时候你仍觉得那不像是真的？

你是否同意这片语："你自己可以做，但你不可以就此独来独往"？当我们提及成长为成熟的基督徒时，有哪些事是个别基督徒当尽的责任？其他的基督徒又可以如何从旁给予鼓励？

2. 更新我们的心思

走过"在基督里得自由的步骤"之后，我们已经解决了个人属灵上的冲突，或许你也发现，你与真理连结也容易多了。不过，我们仍属血气，经常还受制于一些"既存"的想法——即听信谎言后所产生一些不造就人的想法，也就是营垒。不过，如今我们已有武器足以对付这些营垒（请看林后10：4-5）了。

处理谎言——"打击营垒"

1. 先确认你所听信了的谎言（凡是你认为不符合圣经话语的任何想法）。如此做能使你放下感受，继而全心降服于神的真理。

2. 尽量找出相关真理的经节，越多越好，并把它们写下来。

3. 写下因听信这谎言之后对你生命所产生的影响。

4. 按以下的公式写下一篇祷文或宣告：

   > 我要弃绝的谎言是...
   > 我要宣告的真理是...

5. 最后，每天大声宣读这些圣经经节，或读出你写下的祷告或宣言，为期四十天。

注：第84-86页有几个打击营垒的实例。但若是可能，你不妨为自己量身打造一些打击营垒的方法，那会比现抄的实用。

静思二

谎言作业"：请看下述人们惯于接受的典型谎言。你是否能找出一些圣经经文，证明它们对基督徒而言并不正确？请把这些相关经文填写在"真理"一栏。

谎言	真理
不被爱	
被丢弃	
被拒绝	
不足	
无望	
愚蠢	
丑陋	

你是否可以确认一个你曾经一直去听信的谎言？或许，当你走过"在基督里得自由的步骤"之后，有些谎言已经被揭露出来。也有可能你在"步骤"中，发现了一些重复出现的信念主题，你也确认了那是谎言，但对你而言，你仍然觉得那谎言很真实。比方说，"我是失败者"，"我是无助的"，"我一无是处"，"我知道这对其他人来说有效，但对我而言却没有作用"。

写下这个谎言，以及因着听信它而在你的生命中带出哪些特定的后果。然后，想出至少两三处圣经经文，来抵挡这谎言。最后，写下"我要弃绝的谎言是…"以及"我要宣告的真理是…"。每天复习，持续大约六个星期。

3. 要有远见 / 持之以恒

要更新我们的心思须费时费力，并没有所谓的"特效药"。不过，当你天天委身相信神话语中的真理，经过一段时间之后，你可以满心期待这些营垒都将会被逐一拆毁。

训练自己能分辨好坏

「唯独长大成人的才能吃干粮；他们的心窍习练得通达，就能分辨好歹了。」（来5：14）

当我们熟悉真理之后，我们就立即能够把虚谎的思想辨认出来。

赛跑

「忘记背后，努力面前的，向着标杆直跑，要得神在基督耶稣里从上面召我来得的奖赏。所以我们中间，凡是完全人总要存这样的心。」（腓3：13-15）

我们需要委身长程的赛跑，朝向我们的目标——属灵成熟，持续地奔跑。

其他可行的方法：

- 阅读尼尔安德森的书《行在自由里(Walking In Freedom)》
- 找一些人督促你
- 找人支援你一起回顾痛苦的创伤经验
- 重温课程内容

静思三

写下你打算操练的实际步骤，以致你能持守你的自由，及持续地更新自己的心思。

 见证

到目前为止，把你从课堂上所学到最重要的两件事写下来。你认为，你可以如何向一位非信徒朋友分享这两件事呢？

 来临的一周

拟出一份打击营垒的方案，对付你所揭露、最影响你的谎言。然后，开始实际执行这方案。

谎言：过度吃喝能带来长久的慰籍

对我生命的影响：损害健康；体重超重；给仇敌留了一个地步；拦阻自己迈向成熟

箴言25：28「人不制伏自己的心，好像毁坏的城邑，没有墙垣。」

加拉太书5：16「我说，你们当顺着圣灵而行，就不放纵肉体的情欲了。」

加拉太书5：22-24「圣灵所结的果子，就是仁爱、喜乐、和平、忍耐、恩慈、良善、信实、温柔、节制。这样的事，没有律法禁止。凡属基督耶稣的人，是已经把肉体，连肉体的邪情私欲，同钉在十字架上了。」

哥林多后书1：3-4「愿颂赞归与我们的主耶稣基督的父神，就是发慈悲的父、赐各样安慰的神。我们在一切患难中，他就安慰我们，叫我们能用神所赐的安慰，去安慰那遭各样患难的人。」

诗篇63：4-6「我还活的时候，要这样称颂你。我要奉你的名举手。我在床上记念你，在夜更的时候思想你，我的心就像饱足了骨髓肥油。我也要以欢乐的嘴唇赞美你。」

诗篇119：76「求你照着应许仆人的话，以慈爱安慰我。」

主啊，"过度吃喝会带来长久的慰籍"是个谎言，我弃绝它。如今，我要宣告的真理是："你是赐各样安慰的神，而且，你长存的爱是我唯一合理和真正的安慰。我确认，我如今要顺从圣灵而活，我不必再用肉体的欲望来满足自己。当我觉得需要安慰的时候，我不再转向食物；我选择赞美你，使我心满足，就像饱享了骨髓肥油般。"求圣灵来充满我，当我更多学习自我管理的时候，你就能活在我里面。阿们。

操练日数检查（在已经操练的日数上打勾）：

1	2	3	4	5	6	7	8	9
10	11	12	13	14	15	16	17	18
19	20	21	22	23	24	25	26	27
28	29	30	31	32	33	34	35	36
37	38	39	40					

谎言：我是被丢弃、被遗忘的

对我生命的影响：退缩人前；以为别人不喜欢我；外表冷漠；内心害怕。

申命记31：6「你们要坚强勇敢；不要害怕，也不要因他们畏惧，因为耶和华你的神与你同去；祂决不撇下你，也不离弃你。」

以赛亚书46：4「直到你们年老，我还是一样；直到你们发白，我仍然怀抱你。我以前既然这样作了，以后我仍必提携你；我必怀抱你，也必拯救你。」

耶利米书29：11「『因我自己知道我为你们所定的计划，是使你们得平安，而不是遭受灾祸的计划；要赐给你们美好的前程和盼望。』这是耶和华的宣告。」

罗马书8：37-39「但靠着爱我们的那一位，我们在这一切事上就得胜有余了。因为我深信：无论是死、是生，是天使、是掌权的，是现在的事，是将来的事，是有能力的，是高天的、是深渊的，或是任何别的被造之物，都不能叫我们与神的爱隔绝，这爱是在我们的主耶稣基督里的。」

亲爱的天父，
我要弃绝的谎言是："我是被丢弃、被遗忘、被放在一边的"。如今，我要宣告的真理是："你爱我，你为我定了计划，使我有美好的前程和盼望。并且，没有任何事能使我与你的爱隔绝。"奉耶稣的名祷告。阿们。

操练日数检查（在已经操练的日数上打勾）：

1	2	3	4	5	6	7	8	9
10	11	12	13	14	15	16	17	18
19	20	21	22	23	24	25	26	27
28	29	30	31	32	33	34	35	36
37	38	39	40					

谎言：我无法抗拒看色情网页的试探

对我生命的影响：深度的羞耻感；对性扭曲的感受；远离神的期许，无法与人来往；损害我的婚姻

罗马书6：11-14「你们也应当这样，向罪算自己是死的，在基督耶稣里，向神却是活的。所以，不要容罪在你们必死的肉身上掌权，使你们顺从肉身的私欲，也不要把你们的肢体献给罪，作不义的用具；倒要像出死得生的人，把自己献给神，并且把你们的肢体献给神作义的用具。罪必不能辖制你们，因为你们不是在律法之下，而是在恩典之下。**」**

哥林多前书6：19「岂不知你们的身体就是圣灵的殿吗？**」**

哥林多前书10：13「你们所受的试探，无非是人受得起的；神是信实的，祂必不容许你们受试探过于你们抵受得住的，而且在受试探的时候，必定给你们开一条出路，使你们能忍受得住。**」**

加拉太书5：16「我说，你们当顺着圣灵而行，就不放纵肉体的情欲了。**」**

加拉太书5：22-23「但圣灵的果子是仁爱、喜乐、平安、忍耐、恩慈、良善、信实、温柔、节制；**」**

我弃绝的谎言是"我无法抗拒看色情网页的试探"。我要宣告这真理："当我受试探的时候，神总会为我开一条出路，而我要选择这出路"。我要宣告的真理是："我若顺从圣灵行事的时候——如今我也选择了这么做，我就不会放纵肉体的情欲了；圣灵的果子，包括节制，将会在我里面结出果实。向罪，我把自己看作是死的；而且我拒绝让罪辖制我的身体，我拒绝让罪成为我的主人。从今以后的每一天，我把自己的身体献给神作圣灵的殿，这身体只能被用来做对的事。我宣告，罪的权势在我身上要被断开。我选择完全顺服神，并抵挡魔鬼，如今，魔鬼必须从我身上逃开。"

操练日数检查（在已经操练的日数上打勾）：

1	2	3	4	5	6	7	8	9
10	11	12	13	14	15	16	17	18
19	20	21	22	23	24	25	26	27
28	29	30	31	32	33	34	35	36
37	38	39	40					

第十一课：与他人相处

欢迎

在这课程中，带给你最大冲击的一件事是什么？

敬拜

为着神曾经带到你生命中的每个人而赞美祂。约翰一书3：16。

话语

焦点经文：

「耶稣回答说：『你们要尽心、尽性、尽意，爱主你的神』，这是诫命中的第一，且是最大的。其次也相仿，就是『要爱人如己』。这两条诫命，是律法和先知一切道理的总纲。」（太22：37-40）

焦点真理：作为基督的门徒，我们必须为自己的品格负责任，并尽可能顾及他人的需求，而非单顾自己的事。

认识恩典

我们爱，因为祂先爱我们（约一4：19）。

我们白白舍去，因为我们白白得来（太10：8）。

我们怜悯人，因为祂先怜恤我们（路6：36）。

我们要照着耶稣饶恕我们的方式，去饶恕别人（弗4：32）。

我们待人的责任

「你是谁，竟论断别人的仆人呢？他或站住或跌倒，自有他的主人在；而且他也必要站住，因为主能使他站住。」（罗14：4）

「凡事不可结党，不可贪图虚浮的荣耀；只要存心谦卑，各人看别人比自己强。各人不要单顾自己的事，也要顾别人的事。你们当以基督耶稣的心为心。」（腓2：3-5）

我们须为两件事负责任：自己的品格，以及满足别人的需求。

意识到自己的罪

我们一旦认识神是谁，就不会想起别人的罪，而是会看见我们自己有罪。但是，当我们与神的关系不冷不热的时候，我们通常就忽略掉自己的罪，反而看见别人身上有罪。

当看重自己的责任，而非权利

在每份关系中，我们都有权利和责任（义务）。但我们该强调的究竟是哪一项？

丈夫有权期待妻子顺服？还是他有责任去爱妻子，正如基督爱教会一样？

妻子有权期待丈夫爱她？还是她有责任去爱和尊敬她的丈夫，因为丈夫应当是家里属灵的头？

父母有权利要孩子顺服吗？还是他们有责任照着神的教导和训练去教养孩子，并在孩子不顺服的时候加以管教？

作为教会会友，就有资格批评他人吗？还是你更有责任去顺服权柄，并像耶稣待你那样去爱和接纳别人？

在任何一份人际关系中，我们若着重权利多于责任的话，都将会收取败坏的种子。

与其看别人未尽的责任，不如选择想想他们的优点。长期来看，这将更能增进彼此的关系，同时也不至于会对人失望，及觉得自己被亏待。

静思一

关于我们对他人的责任这方面，你会如何总结？

你认为，为何我们通常会论断别人，并要求别人满足我们的需求？

假如你发现自己变得容易批评人，又看不见自己的弱点，你想问题出在哪里？你可以做些什么来纠正这光景？

如果别人做错呢？

每个人都难以认错。

在别人的生命中扮演圣灵的角色根本无济于事。

须管教，但不论断

「不要论断人，免得你们被论断。因为你们怎样论断人，也必怎样被论断。你们用什么量器量给人，也必用什么量器量给你们。」（太7：1-2）

「弟兄们，若有人偶然被过犯所胜，你们属灵的人就当用温柔的心把他挽回过来。」（加6：1）

圣经教导我们不要去论断，而是要管教。

论断涉及对方的品格，管教则涉及对方的行为。

称他人是"骗子"、"笨蛋"、"蠢猪"、"傲慢"或"坏蛋"，都是在攻击他的品格，导致对方无路可走。

相反，如果你指出对方有罪的行为，他就有机会改正，譬如他可能会说："你讲得对，很抱歉我这么做，你可以原谅我吗？"

管教和处罚并不相同

处罚是回顾以前；管教却是展望将来。

神的管教是出于爱，是为了要在我们的生命中结出"义的果子"（来12：5-11）。

管教的目的是要帮助人更像耶稣，而不是要惩罚他们。

当我们被攻击时

「他被骂不还口，受害不说威吓的话，只将自己交托那按公义审判人的主」（彼前2：23）。

如果你有错，你没法子辩护。如果你是对的，你也不需要辩护。基督就是我们的辩护者。

权柄和职责

主给你的第一印象，是从哪一边（上或下）开始？

权柄

责任/职责

肯定

接纳

「基督在我们还做罪人的时候，为我们死」（罗5：8）。由此得知，神先接纳我们；接着，祂肯定我们：「圣灵与我们的心同证我们是神的儿女」（罗8：16）。

如果权威人物要求你负起责任，却没有给你肯定和接纳，那他们永远也无法说服你对他们尽忠。

静思二

"尝试成为别人的良心"为何是不智之举？假如我们如此做的话，又会发生什么事？

论断、处罚和管教这三者有何差别？

当你下次面对人们攻击或控诉的时候，要怎么做才算是一个好的回应？

我们应该表达我们的需要吗？

在我们与人相处的时候，倘若有些需求没得到满足，我们应当把它表达出来，好让对方知情。不过，我们必须谨慎地表达这些需求，而不是藉此去论断对方。

种豆得豆

神让我们生在群体中，是要让我们学习成长。我们每个人都需要被爱、被接纳，及被肯定。那是完全合乎常理的。

耶稣说：「施比受更为有福」（徒20：35）。在过程中，你会发现，当你帮助人的时候，其实自己更是受惠者。

「你们要给人，就必有给你们的，并且用十足的升斗，连摇带按，上尖下流地倒在你们怀里；因为你们用什么量器量给人，也必用什么量器量给你们。」（路6：38）

如果你要别人爱你，你就得先爱人。如果你需要朋友，就先作别人的朋友吧。

人们都是无理、不讲逻辑，且自我中心的。
即便如此，还是要继续爱他们。
如果你做得好，人们可能会批评你自私，或有不可告人的秘密。
即便如此，你还是要做好事。
如果你成功，你会得到假朋友、真敌人。
即便如此，你还是要努力向成功迈进。
你今天所做的好事，明天就被忘记了。
即便如此，你还是要行好。
诚实和坦白使你容易受到伤害。
即便如此，你还是要诚实和坦白。
伟大人物有着伟大的想法，但会被心思狭小、微不足道的人所击倒。
即便如此，你还是要有伟大的想法。
人们虽然同情弱势，但始终还是会依从强势。
即便如此，你还是要为弱势出头。
你多年的努力，可能一夜就会被摧毁。
即便如此，你还是要努力建造。
人们真的很需要帮助，但是当你帮助他们时，可能会反遭攻击。
即便如此，你还是要帮助人。
你把你所得最好的给世人，他们却可能会反踢你一脚。
即便如此，你还是要将你最好的施予人。

静思三

人们一般上拥有哪些合理的需求？我们该如何对人表达这些需求而不致被人反击？

你认为以下的句子那些地方不对劲？该如何表达才会更好？

"你总是在吃完晚餐后就跑去看电视，让我独自处理善后工作。你好自私，好懒惰。"

"你的房间真见不得人，它总是那么糟糕！你真是懒惰虫，你以后的伴侣可真可怜！"

 见证

你如何在所居住的街道范围内成为人们的好邻居？你可以如何更深入地认识他们，好让你更了解他们的需求有哪些？

 来临的一周

读路加福音6：27-41。本课或许说服了你，需要跟家人、朋友，和邻居之间有不同的相处方式。你或许也想要寻求某些人的饶恕。如果你觉得主在你心中放下这感动，不妨就去找那些人，请他们原谅你，清楚告诉他们你做了哪些错事。（请别用写信或电邮方式，那样可能会使他们对你产生误解。）

第十二课：你朝何处走？

欢迎
在你人生结束之前，你想要做些什么？

敬拜
祂永远与我们同在。希伯来书13：5-6；诗篇94：14；马太福音28：20。

话语
焦点经文：「命令的总归就是爱。这爱是从清洁的心，和无愧的良心、无伪的信心生出来的。」（提前1：5）

焦点真理：没有任何人事物能拦阻我们按神原本造我们的样式而活。

你的信念决定了你的基督徒生活

我们都相信，完成某些事能为我们带来满足感、成就感、乐趣等等。但究竟这些目标是否真的能如实带出美好的果效？抑或我们发现它们在某方面出现了瑕疵，须加以修正？

在这一课，我们用了"目标"这词汇，来指自己人生中不可或缺的成果，也就是我们用来"衡量自己"的标准。.

感受是神的红色警讯

神在我们里面安设了一个回馈系统：就是我们的情绪和感受。当我们检视自己目标的进程时，这些情绪或感受会发出讯号，引起我们关注。

当某经历或某关系使我们感觉生气、焦虑或沮丧时，这些感受就像是亮起的红色警讯，警惕着我们可能正根据错误的信念，往错误的目标前进。

愤怒显示目标被阻挡

如果你不想生气，不妨把那些会被人或环境所拦阻的目标丢掉，因为你无权也无力控制这些因素。

焦虑显示着目标不明朗

沮丧显示着目标不可能达成

我们可能会因身体的生化因素而导致沮丧，不过，若你的沮丧
与生理因素无关的时候，其根源很有可能是来自于无助感或无
望感，因为那表示我们有一些不可能达成的目标。

静思一

假如情绪确实与神的旨意相关，那么如何能从我们的情绪得知，我们
的目标是否符合神的旨意？

面对目标被拦阻的时候，人们通常作何回应？当你前进无路的时候，
或者当某人、某事拦阻你完成你的目标时，你通常有什么反应？

沮丧通常因无助感或无望感而生。尤其当个人对前程、对周遭环境，
及对自己感到无助或无望时，就特别容易产生沮丧。我们能如何藉着
信靠神，去克服这些灰色的认知（信念）？

目标受挫时的错误回应

如果我们相信自己的价值感取决于他人或环境的话，我们就会
尝试去操纵人和环境。

把坏的目标改成好的目标

如果神对你的生命有个目标，它会被拦阻、变成不确定、或不可能达成吗？不会！

神为我们生命所设立的目标，并非依靠人意或环境的，因为那会超出我们控制的范围。

如果我们发现自己朝着进发的好目标，确实取决于一些不可控制的环境或他人，我们该怎么办？这时，我们需要放低这目标的标准，从一个我们认为是价值来源的目标，降低为一个所谓"神圣的渴望"。

目标和渴望的差别

一个神圣的目标 可被定义为：特殊的人生定向，藉此能反映出神在你生命中的旨意。它并不受任何人事物环境拦阻，它只在你能力或权力控制的范围。

神圣的渴望则是一种特定的成果，要取得这成果则有赖于别人的参与、项目成功与否、或环境有利与否，亦即一些你无权也无力控制的情境因素。

关键的差别是，尽管你的渴望有多么神圣，你都不能用它来断定你的成功或价值，因为你无法控制其结果将会如何。

而唯一能拦阻我们达成这神圣的目标，或使这目标不确定、无法完成的，就只有你自己。

神为我们设立的人生目标

彼得后书1：3-10可以帮助我们了解，神为我们做成的有哪些事：

- 我们已经拥有一切关乎生命和虔敬的事
- 我们有份于神的性情
- 我们已经脱离了世上的败坏

如果你浑然不知神已为你做成的事，你就只会尝试"更努力"靠自己来过基督徒的生活。在神所设立的人生目标里，基督早已为你奠定了根基。

「正因这缘故，你们要分外地殷勤；有了信心，又要加上德行；有了德行，又要加上知识；有了知识，又要加上节制；有了节制，又要加上忍耐；有了忍耐，又要加上虔敬；有了虔敬，又要加上爱弟兄的心；有了爱弟兄的心，又要加上爱众人的心。」（彼后1：5-8）

此处列着一连串的品格属性。神真正在乎的，并不是我们做什么，而是我们像什么。祂为我们订立的生命目标，是关乎我们的品格。

神为每位基督徒所立的目标，于是可以定义为：品格越来越像耶稣。

困难是我们朝目标奔跑的动力

「不但如此，就是在患难中也是欢欢喜喜的，因为知道患难生忍耐，忍耐生老练，老练生盼望。」（罗5：3-4）

「我的弟兄们，你们落在百般的试炼中，都要以为大喜乐；因为知道你们的信心经过试验，就生忍耐，但忍耐也当成功，使你们成全、完备、毫无缺欠。」（雅1：2-4）

其实，困境能使我们朝向更像耶稣的崇高目标前进。若能坚忍地面对困难，就能生出美德。

我们偶尔需要山顶上的愉悦经历，但能使生命成长的肥沃土壤，总是在山谷底，而不是在山顶上。

静思二

照你看来，能分辨属神的目标和神圣的渴望两者之间的区别，对于人心得自由和情绪健康两方面能带来哪些好处？

神为你生命所订立的主要目标是什么？为何这目标不至于会被拦阻？

你想，得知"没有任何人事物能阻挡你成为神造你的样式"这道理，为什么能如此叫人释怀？

当我们的目标是爱时

保罗说：「命令的总纲就是爱」（提前1：5）。爱是神的属性，「因为神就是爱」（约一4：7-8）。

如果你以神的属性作为人生目标，你就会在生命中结出圣灵爱的果子，就是能忍耐（而不再气愤）、和平（而不再焦虑），和喜乐（而不再沮丧）。

 见证

能分辨目标和渴望之间的区别，将如何帮助你更有效地作见证？

 来临的一周

花一点时间完成手册第102页的"我相信什么"问卷，以评估你自己的信心。

我们不会要求你跟其他组员分享你作业的内容。请你慎重思考，自己该如何完成这问卷上的每一项提问。

我相信什么？

	最低分				最高分

1. 我有多成功？ 1 2 3 4 5

我将会更成功，如果 ....

2. 我有多重要？ 1 2 3 4 5

我将会更为重要，如果 ....

3. 我实现成就的程度有多少？ 1 2 3 4 5

我将能实现更多成就，如果 ....

4. 我有多满足？ 1 2 3 4 5

我将会更满足，如果 ....

5. 我有多幸福？ 1 2 3 4 5

我将会更幸福，如果 ....

6. 我的生命拥有多少乐趣？ 1 2 3 4 5

我的生命将更有乐趣，如果 ....

7. 我有多少安全感？ 1 2 3 4 5

我将会更有安全感，如果 ....

8. 我有多平安？ 1 2 3 4 5

我将会更有平安，如果 ....

第十三课：持续行走正道

欢迎

是否有任何人曾经欺骗你，使你相信了某事，后来你才发现那并非事实的真相？

敬拜

赞美神！因祂能完成祂在我们里面开始了的善工。
腓立比书1：6；
犹大书第24节。

话语

焦点经文：「我并不是因缺乏说这话，我无论在甚么景况，都可以知足，这是我已经学会了。我知道怎样处卑贱，也知道怎样处丰富，或饱足、或饥饿、或有余、或缺乏，随事随在，我都得了秘诀。我靠着那加给我力量的，凡事都能作。」（腓4：11-13）

焦点真理：如果我们想要真正的成功、自我实现、满足等等，我们就需要去揭露并丢弃错误的信念及其所伴随而来的意义，而且要委身自己相信圣经的真理。

我活着是为了...

保罗说：「因我活着就是基督，我死了就有益处」(腓1：21)。

但是：
- 我活着是为了我的事业，我死了...就是损失。
- 我活着是为了我的家庭，我死了...就是损失。
- 我活着是为了有成功的基督徒事工，我死了...就是损失。

我们的人生目标若是基督和学像基督，死亡对我们而言岂非更好？！

我究竟信什么？

在你手册上第102页有份 "我相信什么？" 的问卷，它将能帮助你探讨自己究竟相信什么。当下，你没错是根据自己真正的信念而活。但问题在于，你看待这些东西的理念（例如什么能带给你成功、意义等等），和神所说的是否一致？

当我们行走天路走得越远的时候，我们就越需要去确定自己的信念是从真理而来。

成功来自拥有正确的目标

神先为我们做成了一些事（请看彼后1：3-10），好让我们拥有清晰的位份作为根基，朝向神为我们订立的人生目标进发。

让我们从我们的信念（信心）出发。我们首要的目标，是要领受神的样式——良善（卓越的道德）、知识、节制、忍耐、圣洁、仁慈，和基督的爱；并且一一实践在我们的生命中。只要专注做成神所订立的生命目标，我们就会达到神眼中的成功。

我们无需依靠才能、才智或天赋，就能达到神的目标。每一位基督徒都晓得自己在基督里的位份，都能在属神的品格上成长。

对约书亚来说，他的成功端赖一件事：他若信神的话并照样去行，他就会成功（书1：7-8）。

成功就是接受神为我们生命所设立的目标，并靠着祂的恩典，成为祂要我们成为的样式。

意义来自善用时间

无关紧要的事会随着年日被遗忘，但攸关紧要的事将会在永恒里被纪念。

「人…的工程若存得住，他就要得赏赐」（林前3：14）。

「在敬虔上操练自己。操练身体，益处还少；惟独敬虔，凡事都有益处，因有今生和来生的应许」（提前4：7-8）。

如果你想让自己的生命更具意义，就要把你的精力放在有意义的事情上，也就是那些会存到永远的事。

成就感从服事别人而来

「各人要照所得的恩赐彼此服事，做神百般恩赐的好管家」
(彼前4：10)。

发现自己在基督里的独特性，以及运用我们的恩赐和才干去建立他人并荣耀主，就能带给自己成就感。

重点在于，我们要找出哪些是别人无法替代自己的角色，然后定意在那些角色岗位里，成为神要我们成为的人。

满足感来自于过有品质的生活

「饥渴慕义的人有福了，因为他们必得饱足。」（太5：6）

所以满足是品质上的一个问题，并非量的问题。个人满足与否的关键，不在于做很多的事，而在于能更深委身于自己做事的品质。

当我们能无愧于心地生活，并且在过程中力求提升人际关系以及做事的品质时，我们就会感到心满意足。

幸福来自珍惜我们所拥有的

世界对幸福的定义，就是得到我们想要的。但实际上，能珍惜我们所拥有的，才是真正的幸福。

「敬虔加上知足便是大利了；因为我们没有带什么到世上来，也不能带什么去。只要有衣有食，就当知足。」（提前 6：6-8）

我们若专注于自己所没有的，就永远不会快乐。相反，我们若珍惜我们所拥有的，就会快乐一辈子。

乐趣来自享受生命的每时每刻

开心来自于抛开拘束，让乐趣自然发生。其秘诀在于除去不合乎圣经的拘束，例如要顾全面子。

讨主喜悦远比讨人欢心更有乐趣！

安全感来自于着眼永恒的价值

我们所以会觉得没有安全感，是因为我们依赖地上那些我们无法控制的事。但当我们定睛在永恒价值的时候，我们就会有保障。

耶稣说，没有人能从祂手中将我们夺去（约10：27-29）。保罗也宣称，没有任何事能使我们与神的爱隔绝（罗8：35-39）。你想，还有什么能比这保障更大？

我们现在所拥有的每样"东西"都将会失去。一位被杀的宣教士，杰慕艾略特(Jim Elliot)说："人若放弃那不能长存的，去得那不会朽坏的，他并不是傻子。"另请查阅腓立比书3：7-8。

平安来自于平伏内心的风暴

若我们从外界寻求平安，我们将会大失所望。

神给的平安是内在的，不是外在的。

与神和好是我们已经拥有的（罗5：1）。至于神所赐的平安，

则是我们内心每天必须去持守的。

即使外面刮起狂风暴雨，我们仍能有内住的平安。

「我所赐的平安不像世人所赐的。你们心里不要忧愁。」（约14：27）

今天是你余生的开始

要落实凭信心而活的生活，就必须每天决定信神的话为真，并依靠圣灵的大能活出真理。

如今，你可以确实地按照以下的真理而行：

- 你是神的儿女，祂喜悦你。
- 无论你现在的景况如何，祂都非常关心你的生命，祂要给你的是一个有希望的未来（耶29：11）。
- 没有任何人或事能拦阻你按神的样式而活。只有你自己才能决定是否要接受神为你所订立的人生目标。
- 神看重的不是你做什么事情，而是你像谁。

以下文章（来源不详）是由一位定意信靠神话语的作者所写：

我是"不怕羞辱团契"的一分子。我有圣灵的能力。大局已定，我已跨越地界。我已下定决心，我是主的门徒。我不会回头、松懈、放缓脚步、后退或不前。我的过去已被赎回，我的现在是真实的，我的未来是确定的。我的人生不再低迷；我不再走马看花、肤浅、委曲求全；我的梦不再单调；我的异象不再沉闷；谈话不再平庸；不再吝于给予；我的人生目标也不再卑微！

我不再需要世界的奖赏、富贵、地位、晋升、喝彩声，或名望。我未必永远都是对的；我无须名列前茅、成为顶尖人物；无须人们认同、赞美、看重或奖励。我如今在此活着，依靠信心而活；坚忍地爱，祷告中得力，并靠主的能力作工。

我的面容已定，我的步态快捷，我的目标乃是天堂，我的路是窄路，我的道路崎岖，我的同伴不多，我的向导可靠，我的使命清晰。我不能被收买、妥协、被阻扰、被诱惑、走回头路、降低标准，或拖延不前。面对牺牲的必要时，我不会退缩；面对逆境时，我不会犹疑；在仇敌面前，我不会让步；我不对名望动心；也不庸庸碌碌待在人群中。

我不会放弃、闭口、松懈，或轻举妄动；直到我为基督传讲了、祷告了、付清了、存够了，并且坚持了。

我是耶稣的门徒，我必须去，直到祂来；给予，直至自己倒下；传讲，直至人人都知晓；并要作工，直到祂吩咐我歇息。

当祂再来接祂新妇的时候，祂必认得我，因我属祂。

我们为主所做的一切，不是为了赚取祂的赞同，或证明我们自己的能力。我们纯粹是因爱祂而做，因祂已为我们付上了一切。

你剩下的生命就摆在你面前，你可以成为神要你成为的样式，没有任何人事物能拦阻你！

静思二

幸福来自于珍惜我们所拥有的东西，而不是得到我们想要的东西。假如这就是幸福的定义，那么你可以如何改变你对自己境遇的想法？

乐趣或许轻易就流逝，但主的喜乐却能长存。你如何能经历主的喜乐，并让你的基督徒生活更富趣味？

哪些原因会使人感到不安？你如何能让自己活得更有保障？

个人省思题：依"我相信什么？"问卷所述的八大领域，写下其中对你而言最具挑战性的两个领域。你如何能在这两个领域中作出改善？

见证

在我们所探讨过的八大领域中，假如我们挑选其中的两至三个领域付诸于行的话，你想，我们周遭尚未信主的亲友们将会如何被你影响？

来临的一周

在"我相信什么？"问卷的八大领域当中，哪一些对你来说最具挑战性？在手册上有"神在你信心之旅中的指引"，请花一些时间阅读与该领域相关的经文。你也可以使用这些指引，来拟定你在心意更新上"打击营垒"的下一步策略。

成功来自于拥有正确的目标

成功就是接受神为我们所订立的人生目标，并靠着祂的恩典，按祂的呼召而活（书1：7-8；彼后1：3-10；约三2）。

意义来自于善用时间

无关紧要的事会随着年日被遗忘，但攸关紧要的事将会在永恒里被纪念（林前3：13；徒5：33-40；提前4：7-8）。

成就感从服事别人而来

成就/实现是找出自己在基督里的独特之处，并使用我们的恩赐去造就别人，荣耀主（提后4：5；罗12：1-18；太25：14-30）。

满足感来自于过有品质的生活

满足来自于过公义的生活，藉着提升人际关系的品质和做事的品质，我们从中获得满足（太5：5；箴18：24；提后4：7）。

幸福来自于珍惜我们所拥有的

幸福是为着我们所拥有的而感恩，而不是着眼在我们所没有的东西，因为那些珍惜所有的人是幸福快乐的！（腓4：12；帖前5：18；提前6：6-8）。

乐趣来自于享受生命的每时每刻

其秘诀在于除掉不合乎圣经的拦阻，比如顾惜面子（撒下6：20-23；加1：10，5：1；罗14：22）。

安全感来自于着眼永恒的价值

当我们依靠那些会朽坏、不能长存到永远的东西时，我们就会心生不安（约10：27-30；罗8：31-39；弗1：13-14）。

平安来自于平伏内心的风暴

神的平安是内住的，不是外在的（耶6：14；约14：27；腓4：6-7；赛32：17）。

成为FIC之友

倘若你因这教学所产生在个人、教会和社区的影响力而深受激励,你可以参与我们的团队,让自己能发挥更大的影响力。非常欢迎你加入我们的团队!

Freedom In Christ Ministries这事工目的是为了要装备世界各地的教会,栽培出结实累累的门徒。我们的经费来源,端赖有心人士的支持。这些有心人已经明白了装备领袖的重要性,而且愿意付代价为教会的领袖们提供工具,以致领袖们能帮助信徒成为结实累累的门徒。

成为FIC之友表示你愿委身按月奉献给我们。而FIC将会为你提供最新的消息,让你知悉我们的事工近况,以及你的捐献如何使用在我们的事工中。

一般上,你的支持捐献将会用在以下五个领域:
- 协助装备英国的教会领袖
- 协助海外人士设立Freedom In Christ的全国办事处
- 把教材资料翻译成其他语言
- 与世界各地的组织机构携手装备领袖们
- 研发进深的训练和装备资源

请填妥此表格,寄到:Freedom In Christ, PO Box 2842, READING RG2 9RT 或是上网 www.ficm.org.uk 注册。谢谢!

- -

称谓□_____ 名字□_____ 姓氏□_____

地址□_____

_____邮递区号□_____电话□_____

电邮□_____

□ 附上一次过奉献,英镑_____

□ 我已经安排了按月奉献的银行期票,银额为 □100英镑 □50英镑 □20英镑 □____英镑
给付户名:Freedom In Christ Ministries
(户头汇款代号:60-17-21 户口号码:54191653)

援助捐献(只限须缴付英国税收者填写)*。本人须缴付英国税收,希望Freedom In Christ Ministries能把我的捐献,注明为"援助捐献金(Gift Aid Donations)"。

签署□_____ 日期□_____

*请注意,您呈报的所得税额必须等同于或大于您捐献额所取回的税收。倘若您申报的所得税有所更动的话,请记得通知我们。Freedom In Christ Ministries乃注册的慈善团体,注册号为1082555。